時代劇聖地巡礼

春日太一

ミシマ社

はじめに

「聖地巡礼」。ここ十年ほど、よく使われるようになった言葉です。

これは宗教的な意味ではなく、主にアニメ作品の舞台や設定のモデルになった場所＝「聖地」をファンが訪れる行為を指します。実際に現地に行き、劇中のキャラクターたちが過ごしたエリアを散策し、画面に映し出されたシーンと同じ場所に立つ――そうすることで、より作品を身近に感じたり、あるいは作中に自身も飛び込んだ感覚を得たりできるのです。そうしたファンが作品ごとに続出し、作品の舞台は新たに観光地となっています。

アニメのファン活動としてクローズアップされた「聖地巡礼」ですが、実写作品もさまざまな場所でロケ撮影をしているわけですから、実際のロケ地を訪ねてみたい――という方も少なからずいるはずです。

特に、時代劇では、その醍醐《だいご》味《み》はより強かったりします。

時代劇は江戸時代など、現代から遠い過去を舞台にした物語です。といって、タイムスリップはできませんから、撮影は「現代でありながら現代ではない風景」が広がる場所で行われます。つまり、時代劇のロケ地は画面上では「かつての世界」に見えますが、そこには現代の我々が簡単に行くことができるわけです。そのため、時代劇のロケ地を訪ねることで、作中の世界に浸《ひた》れるだけでなく、現代からタイムスリップした感覚になる。

これは、時代劇ファンならずともたまらないことです。

でも、その撮影場所はどこなのか――。それは、撮影関係者か余程の熱心な時代劇ファンでないとなかなか分かるものではありません。しかも、一作品の中でさまざまな場所で撮られている。それらをただ観ただけで全てを把握するのは難しい。

本書は、まさにその「時代劇聖地巡礼」のガイド役として企画しました。数多くの時代劇が撮影された「聖地」を実際に巡りながら、皆さんに「現代にいながら時代劇の世界にトリップできる」場所をご案内していく一冊なのです。

時代劇聖地巡礼　目次

序章

なぜ京都なのか？

さて、時代劇といいますと主に江戸が物語の舞台になります。しかしながら、大半の作品で目にする「江戸の景色」は今の江戸、つまり東京で撮られてはいません。東京から関東近郊にかけては、都市開発が進んできたため「江戸の景色」はほとんど残っていませ ん。といって、近くで「現代」の映り込まない場所を探そうにも、伊豆や秩父、千葉、北関東などの里山や山中のみ。移動するにも遠いですし、何よりそれだけでは、とうてい時代劇の求める「江戸」の景色にはなりません。

江戸は多くの人々が暮らす都市。森林や山中だけでなく、町並や屋敷を撮るロケ地も必要です。東京にも以前はそれらの撮れるオープンセット（屋外に建てられたセット）はいくつかありましたが、一九八〇年代以降に宅地開発で消えました。現在は茨城の「ワープステーション江戸」のオープンセットでNHKなどの時代劇の一部が撮られていますが、ここだけではバリエーションに限界があります。いつも同じ画ばかりになってしまうし、情緒も出しにくい。

京都も東映と松竹の両撮影所に時代劇に特化したオープンセットが建てられており、効率的に撮影できるようになっています。が、京都の場合はここだけではないのです。

時代劇を観ながら、我々が「江戸」として馴染《なじ》んできた景色。その大半は「現在の京都」です。京都は古《いにしえ》の都だけあって、世界遺産・国宝・重要文化財クラスの由緒ある寺社仏閣の建造物や、現代と隔絶された風光明媚《ふうこうめいび》な情緒あふれる景色が豊富にあります。そこにカメラを置き、その時代の扮装《ふんそう》をした俳優たちが芝居をすると、途端に情感の豊かな「江戸時代らしい空間」になってしまうのです。

いや、それらの景観の多くは江戸時代より以前から出来上がっていたもの。そのため、そこに映し出されるのは「実際の江戸時代よりさらに古の情感のある世界」とすらいえます。時代劇は「江戸時代の再現」ではなく「現代人が《こうだったらいいな》という想いで創作したファンタジーの世界」。それを撮る上で、京都ほど適した場所はないのです。

加えて、その空間のバリエーションも豊富です。神社仏閣の本堂・山門・石段も、スケールの大きなものから、楚々《そそ》としたものまであります。景色もそうです。侘《わ》びた景色から荒々しい景色まで、「都市としての江戸」を表現できる建物や路地から、「江戸の自然」を表現できる山河や森林まで――ふんだんに揃っています。

しかも、それらの撮影場所は京都西郊の太秦《うずまさ》にある東映・松竹の両撮影所からそう遠くないところにあります。そのため、関東での撮影とは比べものにならないほど、時間のロスを最小限にした移動で「江戸の景色」にたどりつきます。ほんの数秒の歩くだけのシーンでも、風光明媚なロケ地でサッと撮れる。それにより、映し出される空間は細部に至るまで情感豊かなものになり、描かれるドラマをより豊かなものとして受け止めることができる。そのような撮影は、今では京都でしかできません。

そうした事情もあり、――以前は東京でもそれなりの本数が撮られていたのですが――近年ではNHK大河ドラマを除く大半の時代劇が京都で撮られています。つまり、京都には時代劇の「聖地」がいたるところにある、ということです。

本書は、少しでも時代劇をご覧になった方なら「あ、ここ、時代劇で見た場所だ！」と思えるような、京都とその周辺のロケ地の数々を皆さまにご紹介します。

お馴染みの観光地も数多く登場します。何気なく通り過ぎてきた場所もあることでしょう。そこに「時代劇のロケ地」という切り口を差し込むだけで、今までと異なる「江戸の景色」に変貌する。そんな経験が、本書を通してできることと思います。

それでは、ご一緒に「時代劇聖地巡礼」の旅に出るとしましょう。

《聖地巡礼に出る前に》

時代劇の撮影現場の取材で、ロケ地に行きますと、「ああ、あの画はここでこう撮られていたのか――」と気づかされることが多々ありました。これから紹介します「聖地」は、基本的にはそうした経験に基づいてリストアップした箇所が中心になっております。ただ、それだけでは抜けもある。そこで、現役スタッフおよびOBの方々に「他にオススメのロケ地はありますか？」とうかがい、その成果をリストに加えました。中には「関係者以外立ち入り禁止」という場所も少なくありませんので、本書は「これを読んだ方ならどなたでも行ける」という一冊にしたいので、あえてそうしたところは省いています。

以上のような視点で選んだ四一カ所（正式名称、住所は二五二頁参照）を、二〇二〇年五月から十二月まで、断続的に取材して回りました。本書では、こちらの体験してきた旅情と発見の足跡を読者の皆さまに追体験してもらうべく、取材の時系列に沿う形で巡礼の旅をご紹介します。

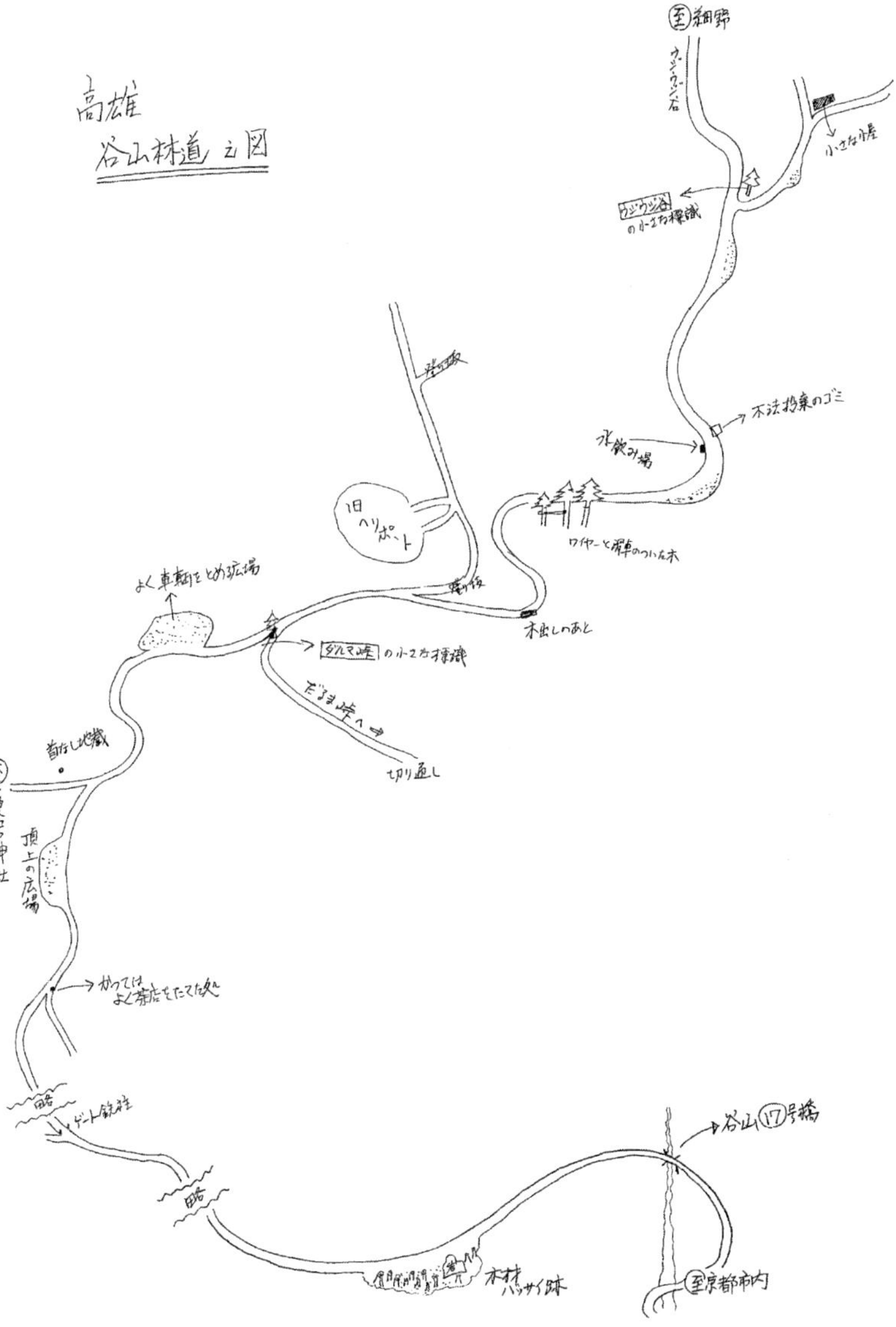

懇意の時代劇スタッフからご提供いただいた谷山林道(p.188)のマップ

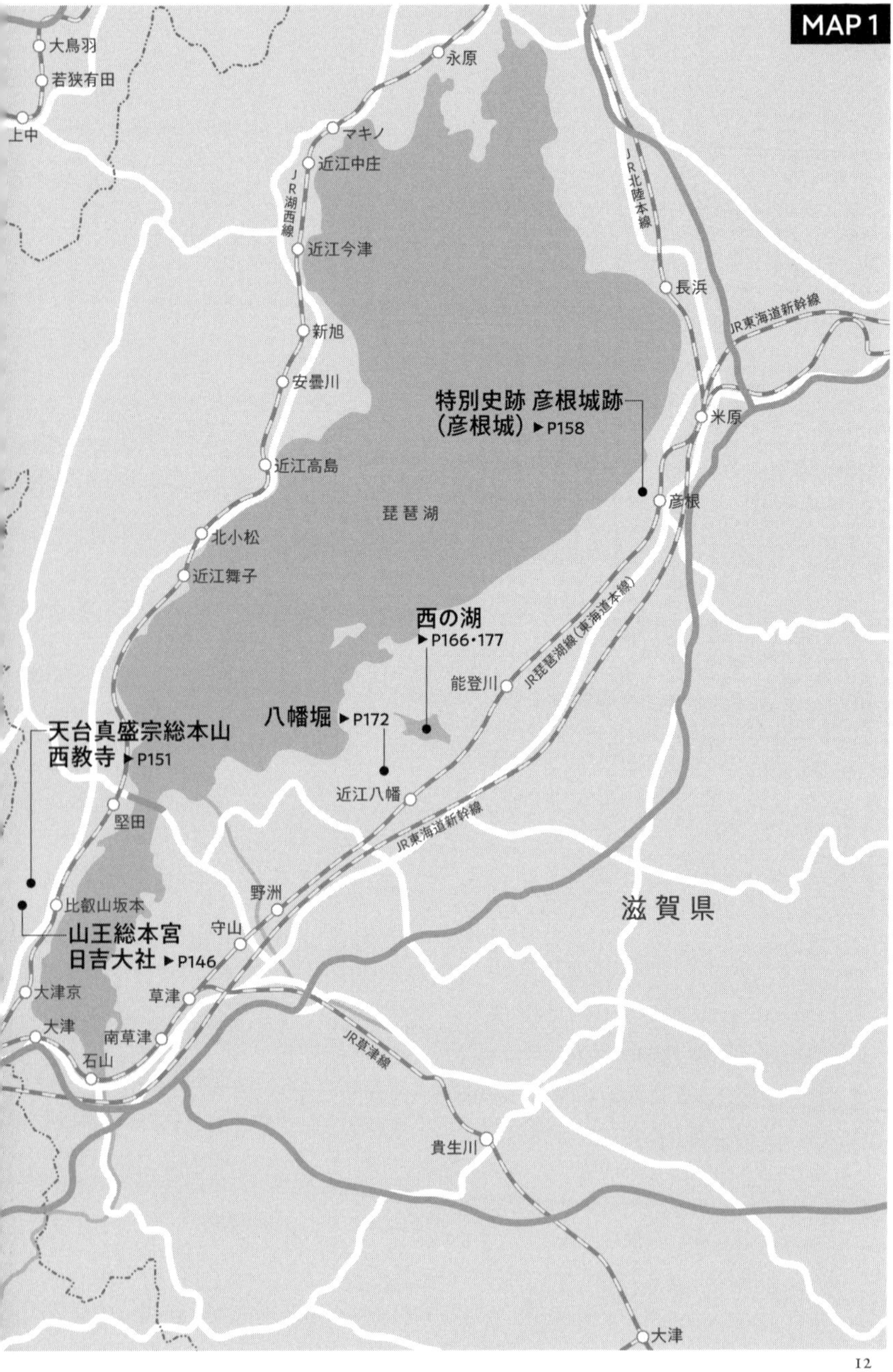
MAP 1
大鳥羽
若狭有田
上中
永原
マキノ
近江中庄
JR湖西線
近江今津
新旭
安曇川
近江高島
北小松
近江舞子
堅田
比叡山坂本
大津京
大津
石山
南草津
草津
守山
野洲
近江八幡
能登川
彦根
米原
長浜
JR北陸本線
JR東海道新幹線
JR琵琶湖線(東海道本線)
JR草津線
貴生川
大津
琵琶湖
滋賀県
特別史跡 彦根城跡
(彦根城) ▶P158
西の湖
▶P166・177
八幡堀 ▶P172
天台真盛宗総本山
西教寺 ▶P151
山王総本宮
日吉大社 ▶P146

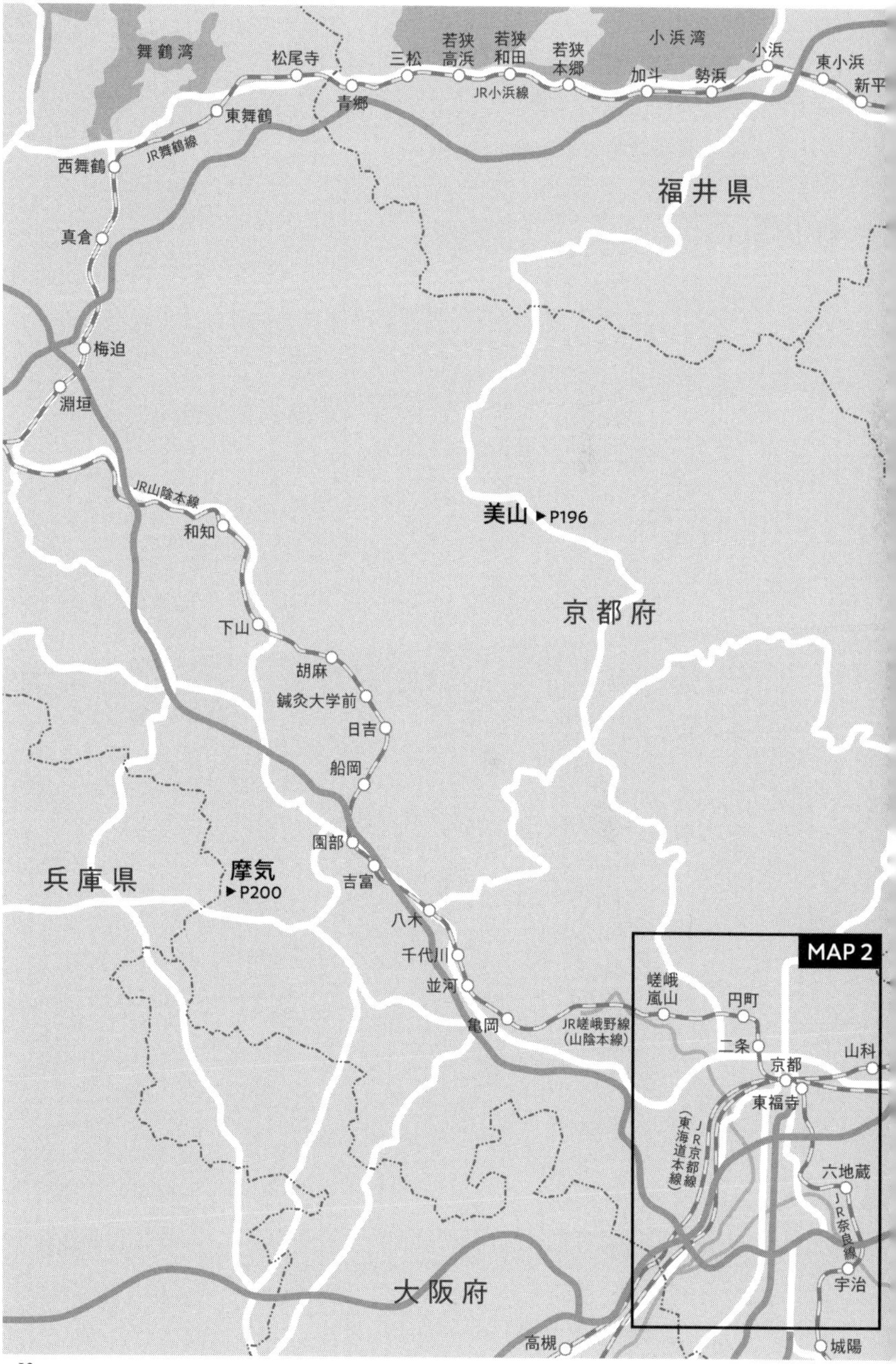
舞鶴湾
松尾寺
三松
若狭
高浜
若狭
和田
若狭
本郷
小浜湾
加斗
勢浜
小浜
東小浜
新平
JR小浜線
青郷
東舞鶴
JR舞鶴線
西舞鶴
福井県
真倉
梅迫
淵垣
JR山陰本線
和知
美山 ▶P196
京都府
下山
胡麻
鍼灸大学前
日吉
船岡
園部
吉富
兵庫県
摩気
▶P200
八木
千代川
並河
亀岡
JR嵯峨野線
(山陰本線)
MAP 2
嵯峨
嵐山
円町
二条
京都
山科
東福寺
JR京都線
(東海道本線)
六地蔵
JR奈良線
宇治
大阪府
高槻
城陽

MAP 2
谷山林道 ▶P186
弘法大師霊場 遺迹本山
高雄山神護寺 ▶P104
周山街道
紫野 今宮神社 ▶P113・184
賀茂別雷神社
(上賀茂神社)
▶P26
賀茂川
国際会館
宝ヶ池
北山
松ヶ崎
高野川
叡山電車
北大路
金閣寺
MAP 3
MAP 4
北野天満宮
地下鉄烏丸線
出町柳
北野白梅町
嵐電北野線
京都御苑
鴨川
嵯峨嵐山
花園
円町
JR嵯峨野線
(山陰本線)
太秦
二条城
嵐山
帷子ノ辻
太秦天神川
烏丸御池
嵐山
二条
二条城前
嵐電嵐山本線
大宮
烏丸
京都河原町
西院
四条
祇園四条
松尾大社
四条
大宮
御陵
山科
丹波口
阪急嵐山線
西京極
京阪山科
上桂
京都
梅小路京都西
桂川
東野
西大路
東寺
東寺
東福寺
九条
臨済宗大本山
東福寺 ▶P115
桂
阪急京都線
十条
鳥羽街道
十条
椥辻
伏見稲荷
伏見稲荷大社
▶P36
上鳥羽口
稲荷
地下鉄東西線
小野
洛西口
桂川
龍谷大前深草
くいな橋
竹田
京阪本線
藤森
真言宗 大本山
随心院 ▶P141
醍醐
東向日
向日町
西山浄土宗
総本山 光明寺
▶P54
JR東海道新幹線
墨染
JR藤森
伏見
近鉄丹波橋
西向日
JR京都線
丹波橋
桃山御陵前
石田
松本酒造
▶P134
桃山
六地蔵
伏見桃山
桃山南口
長岡天神
(東海道本線)
中書島
観月橋
木幡
長岡京
長岡天満宮
(長岡天神) ▶P52
向島
黄檗
西山天王山
宇治川
近鉄京都線
京阪宇治線
淀
京阪本線
三室戸
宇治
山崎
大山崎
小倉
JR奈良線
宇治
JR小倉
橘橋
▶P136
島本
橋本
石清水八幡宮
伊勢田
木津川
水無瀬
大久保
新田
上牧
上津屋橋(流れ橋) ▶P46

MAP 3
賀茂御祖神社
（下鴨神社）▶P20
浄土宗大本山・
くろ谷 金戒光明寺
▶P128
臨済宗大本山
南禅寺 ▶P32
天台宗
青蓮院門跡 ▶P30
新日吉神宮 ▶P132
鞍馬口
上御霊神社
茶山
東鞍馬口通
京都造形
芸術大
糺ノ森
賀茂川
高野川
相国寺
元田中
御蔭通
同志社大
今出川
出町柳
百万遍知恩寺
今出川通
今出川通
京都大
銀閣寺
白川通
吉田神社
廬山寺
京都御苑
京都大
法然院
哲学の道
川端通
東大路通
真如堂
神宮丸太町
丸太町通
下御霊神社
丸太町通
丸太町
平安神宮
行願寺
鴨川
地下鉄烏丸線
京都市
動物園
御池通
烏丸
御池
京都市役所前
三条
京阪
東山
三条通
三条通
三条
河原町通
蹴上
烏丸通
知恩院
錦市場
烏丸
京都河原町
四条通
阪急京都線
四条
祇園四条
八坂神社
円山
公園
地下鉄東西線
京阪本線
建仁寺
東大路通
五条通
五条
清水五条
清水寺
東本願寺
渉成園
京都国立博物館
七条通
七条
智積院
三十三間堂
JR湖西線・琵琶湖線（東海道本線）
京都

MAP 4
いずみ谷
西寿寺 ▶P212
龍安寺
きぬかけの路
周山街道
真言宗御室派
総本山仁和寺
▶P60
立命館大
臨済宗
天龍寺派
等持院
▶P66
山越通
宇多野病院
龍安寺
宇多野
等持院・
立命館大学
衣笠キャンパス前
妙心寺
御室仁和寺
鳴滝
臨済宗妙心寺派
大本山妙心寺 ▶P108
常盤
丸太町通
嵐電北野線
花園
JR嵯峨野線(山陰本線)
太秦
東映太秦映画村 ▶P220
有栖川
帷子ノ辻
撮影所前
広隆寺
三条通
太秦広隆寺
松竹京都
映画撮影所
嵐電嵐山本線
蚕ノ社
天神川
太秦天神川
御池通
地下鉄東西線
大映通り商店街
(大映通り) ▶P58
嵐電天神川
山ノ内
有栖川
葛野大路通り
御室川
梅宮大社 ▶P123
四条通

旧嵯峨御所 大本山
大覚寺 ▶P80
華西山東漸院念仏寺
(化野念仏寺) ▶P216
広沢池
▶P99・208
大沢池
清涼寺(嵯峨釈迦堂) ▶P102
一条通
有栖川
滝口寺
小倉山
二尊院
▶P72
常寂光寺
丸太町通
嵯峨嵐山
JR嵯峨野線(山陰本線)
トロッコ嵯峨
嵯峨野
観光鉄道
トロッコ嵐山
天龍寺
鹿王院
鹿王院
車折神社
嵐電
嵐山本線
嵐電
嵯峨
嵐山
大河内山荘
庭園 ▶P68
三条通
桂川
渡月橋
車折神社
▶P234
法輪寺
嵐山
嵐山公園 中之島地区
▶P41・208
阪急嵐山線
四条通
松尾大社
松尾大社

初日

二〇二〇年五月二十六日

下鴨神社↓上賀茂神社↓青蓮院↓
南禅寺↓伏見稲荷大社↓中ノ島橋
（嵐山）

取材初日は二〇二〇年五月二十六日。この日を選んだのには、理由があります。新型コロナウイルスの感染拡大により二〇年四月十日に緊急事態宣言が発出。それが明けたのが五月二十五日でした。その翌日なら、観光客や参拝者もまだ少ないだろうから、通常なら人が多すぎて満足に取材ができなさそうな場所でも、存分に思い通りの写真が撮れるだろうと考えたのです。

そして、その狙いは的中しました。

下鴨神社（賀茂御祖神社《かもみおや》）（A）

まず我々が向かったのは、下鴨神社。京都市街を流れる鴨川を北に少し上ったところにあるこの神社は、「糺《ただす》の森」と呼ばれる広大な原生林に囲まれ、外界から隔絶されたような空間になっています。街中にこのような場所があるのが、まさに京都の強味。

それだけに、時代劇の撮影もしやすく、大正末期から一九六〇年代にかけての五十年ほどは松竹の下加茂《しもがも》撮影所がこの地にありました。そして、松竹が撤退後も、現在に至るまで数多くの時代劇が撮られています。

A-1

大きな特徴は、森の間を神社本殿まで貫くように幅の広い道が通っていることです。参拝で歩く分には、美しい自然と綺麗な空気に包まれた静寂の空間といえます。

しかし、これが「時代劇のロケ地」となると、見え方が全く変わってきます。

この道、実は「馬場」なのです。周りを森に囲まれた、馬を存分に走らせることのできる、幅広い土の道[A-1]――となれば、時代劇でスケール大きめのアクションシーンを撮るのにうってつけのロケ地ということになります。

代表的な使われ方としては、テレビシリーズ『**鬼平犯科帳**』（一九八九年〜、フジテレビ）のオープニング。主人公の長谷川平蔵（中村吉右衛門）が馬に乗って颯爽《さっそう》と駆けていく映像がタイトルバックになっていますが、それが撮られたのが、まさにここでした。

他にもこの馬場では、撮影のない通常時に歩いていると想像もつかない、激しい場面が撮られてきました。

たとえば映画『**浪人街**』（一九九〇年、黒木和雄監督）では、悪の旗本たちに拐《さら》われた女郎（樋口可南子）を救うために駆けつけた浪人たち（原田芳雄、勝新太郎、田中邦衛、石橋蓮司）による壮絶な殺陣が撮られています。

また、映画『**必殺！Ⅳ　恨みはらします**』（一九八七年、深作欣二《ふかさくきんじ》監督）では馬場に広大なスラム街のセットを建設、住人たちが虐殺されるシーンや、千葉真一と蟹江敬三《かにえけいぞう》がそれぞれ演じる殺し屋同士の決闘が撮られました。

「馬場」そのものとして使われることもあります。『**忠臣蔵**』（一九九六年、フジテレビ）、『**剣客商売スペシャル　決闘・高田の馬場**』（二〇〇五年、フジテレビ）ではいずれも「高田馬場」として登場、決闘シーンが撮られました。

今回の取材では、この馬場でキャッチボールに興じる子供たちに出くわしました。ここが幾多の「激戦」が展開された場所とは知るはずもなく遊ぶ様は、なんとも微笑ましいも

A-2

のがありました。

馬場以外も撮影に使われています。本殿を背にして馬場の左手の森の中を流れる「泉川《いずみかわ》」。鬱蒼とした森の中を楚々とした小川が流れる[A-2]ロケーションは、昼は情緒豊かですが、夜になると不穏さが満点。そのため、暴漢に襲われる場面や『必殺』シリーズで中村主水《もんど》（藤田まこと）が標的を仕留める場面などで多く使われました。

馬場を挟んでその反対側の森の中には「池跡」と呼ばれる、かつては池だった窪地[A-3]があります。ここは、山中などでの襲撃シーンでよく使われてきました。

A-3

さらに、「池跡」の近くに建つ河合神社も時代劇には欠かせません。森の向こうに土壁[A-4]が映り込むという、抜群に不気味な雰囲気は怪談ものなどで多く使われてきました。

そして、本殿手前の楼門。左右の回廊と合わせて鮮やかな朱色に彩られて[A-5]いるため、ここを背景に撮ると非日常感が生まれます。

そのため、映画『**眠《ねむり》狂《きょう》四《し》郎《ろう》殺法帖**』（一九六三年、田中徳三監督）冒頭での眠狂四郎（市川雷蔵）と中国拳法使いの刺客・陳孫（若山富三郎）との決闘シーンなど、ケレン味が求められる場面の撮影に適しています。

A-4

A-5

上賀茂神社（賀《か》茂《も》別《わけ》雷《いかづち》神社）（B）

次は賀茂川をさらに少し上ったところにある上賀茂神社です。

下鴨神社と同じく広大な敷地を有する上賀茂神社ですが、時代劇での使われ方は大きく異なります。下鴨神社がスケール感やアクション担当なら、上賀茂神社は情緒担当といったところでしょうか。

ここの最大の特徴は、境内を流れる小川、通称「ならの小川」です。小川なのですが、石で護岸されており、その脇に同じ高さで土の遊歩道が通じている。[B-1] しかも、掘割《ほりわり》ほど整備されているわけではなく、どこか自然の質感が残されている。そのため、時代劇の撮影では「町外れの疎水」として使われることが多くなっています。

大がかりな撮影というよりは、ちょっとした歩くだけの場面で使われたりもします。ここを歩く場面が短く挿入されるだけで、水面のきらめきも画面に入り込むため、途端に映像が情緒豊かなものとして映し出されることになります。道端に建つ小さな社《やしろ》と朱色の玉垣を入れ込む[B-2]ことで、より効果を高めます。なお、ここからのアングルだと社の向こうの

B-1

B-2

自転車置き場が映ってしまうこともあるので、実際に撮るときはそうならないよう画角が工夫されています。

この「ならの小川」は決して長い小川ではないのですが、景色のバリエーションは豊富なのも魅力です。たとえば、小川の中に降りられるよう作られた石段B-3。ここで腰を下ろして川面を見つめる――という芝居をすることで、しんみりとした情感の伝わる映像に仕上がります。『**鬼平犯科帳**』第一シリーズ第一七話「女掏摸《めんびき》お富」のラストで、平蔵に捕らえられた女スリのお富（坂口良子）がその心情を語る場面は、その好例といえます。

また、ここにかかる小さな石の橋「神事橋」も、その楚々とした質感が時代劇に大きな効果をもたらせます。疎水、石の橋、その向こうに朱色の柵B-4が一つの画の中に撮れるため、粋な江戸情緒にあふれた空間が映し出されることになるのです。

その代表例が『**御家人斬九郎《ごけにんざんくろう》**』（一九九五年〜、フジテレビ）の第一話。主人公の斬九郎（渡辺謙）とヒロインの辰巳芸者・蔦吉《つたきち》（若村麻由美）との出会いの場面はここで撮られていますが、橋の上にたたずむ蔦吉の姿は「粋」そのもの。当時の深川や辰巳はこんな場所だったのかも――というロマンに浸ることができる、情緒あふれる空間でした。

B-3

B-4

青蓮院　(C)

ここから我々は南下。東山は粟田口《あわたぐち》にある青蓮院《しょうれんいん》へ向かいました。ここは紅葉の名所としても知られ、東山山頂にある「将軍塚」周辺は京都市街を一望できる景観スポットでもあります。が、これはあくまで「時代劇」の「聖地」を巡る旅。観光目的ではないので、そうした場所には目もくれません。

時代劇の撮影でよく使われるのは、拝観入り口の手前右手にある長屋門です。「明正天皇の中和門院の旧殿の門を移築したもの」と公式ホームページにあるこの門、まさに明正天皇の在位していた時代である江戸初期を舞台にした時代劇で使われてきました。

大きな特徴は、門へと続く幅の広い石段と、その門前に植えられた巨大な楠《くすのき》です。この楠も「親鸞聖人御手植」の伝があるという由緒あるものなのですが、大きな幹とうねるような根の織り成す独特のフォルムのインパクトは強く、ほんの少し画面に映し出されるだけで観る者に大きな衝撃を与えています。

特に効果的に使われた作品としては、映画『**十兵衛暗殺剣**』(一九六四年、倉田準二監

C-1

督）が挙げられます。楠を画面の手前に置いてその向こうに門を映す[C-1]ことで異様なまでに厳然としたたたずまいとして映り、数秒だけしか映らないにもかかわらず、将軍家指南役としての柳生《やぎゅう》の格式と威厳が伝わってくる画になっていました。

また、スペシャルドラマ**『阿部一族』**（一九九五年、フジテレビ）の序盤では、主君の死去にともなう殉死の切腹シーンで楠が背景として使われ、その凄まじい形状がこれから始まる狂気の物語に対して不穏《ふおん》な予感をもたらせています。

南禅寺　（D）

青蓮院からさらに南下して南禅寺へと向かいました。

臨済宗の一五本山の一つである南禅寺は、京都を代表する寺院の一つでもあります。そして、大本山ならではの特徴的な景観の数々は、時代劇のロケ地としてもよく使われています。

時代劇で撮られる場所は大きく二つあります。

一つは三門です。大泥棒・石川五右衛門が楼の上から「絶景かな」と嘆じた場面が歌舞伎でも描かれていますが、それだけの高さがある、巨大な楼門[D-1]です。

そして時代劇では、贅沢な使い方をしています。使われるのはたいてい、一階部分のみ。この一階はパースペクティブの感覚がおかしくなるほどの高さがある上に、太い柱が何本もズドンとそびえ立っている。そして、これを抜けると参道までの一本道の石畳が伸びています[D-2]。この独特の開けた空間が観る者に与えるインパクトは大きく、待ち合わせやちょっとした密談のシーンで使われても、画面に情感がもたらされます。

D-1

D-2

もう一つよく使われるのは、僧堂坂。三門の脇から続く、なだらかな坂です。白壁沿いに続く広い砂利道D-3は、武家屋敷が連なるエリアとしてピッタリ。しかも道幅が広いため、多くの人が行き交ったり、屋台を置いたり――といった場面にも使える。ただ、三門を背にして右側は木が生い茂っているD-4ので、こちらは映らないようにして、反対側の白壁だけを撮るようにしています。通行シーンで使われることが多いですが、過去には映画『**眠狂四郎女妖剣**』（一九六四年、池広一夫監督）の序盤で、狂四郎（市川雷蔵）が棄教したバテレン神父を斬り捨てるという血生臭い場面が撮られることもありました。

インバウンドなどで京都が国際的な観光地となった昨今では、行き交う人々があまりに多くて時代劇の撮影が困難になってきました。撮影の際、助監督や制作部のスタッフが「人止め」といって、行き交う観光客や参拝者にいちど止まってもらい、カメラの画角に入らないようお願いをすることになっているのですが、これが日本人相手ならすぐ理解して協力してもらえます。ところが、外国人相手だとそれがなかなか難しい。南禅寺はその最難関の一つになっています。

それだけに、東映京都撮影所に勤務する友人に今回の南禅寺の写真を見せたところ、「南禅寺で人止めしないでこの画が撮れるなんて！」と羨ましがっていました。

D-3

D-4

伏見稲荷大社（E）

京都の南に位置する伏見稲荷大社は、京都駅から電車で五分、車で十分、撮影所からも車で三十分というアクセスの良い立地にあります。

全国三万社あるといわれる「稲荷神社」の総本宮として約千三百年の歴史を刻んできた、この伏見稲荷大社の最大の魅力は、なんといっても「千本鳥居」と呼ばれるエリアです。鮮やかな朱に彩られた鳥居が幾重にも連なる光景はまさに壮観[E-1]、日本国内だけでなく海外でも人気を集め、多くの参拝者で賑わっています。時期によっては、鳥居の下はすし詰め状態になることもあります。

そして今回、「人のいない千本鳥居」という奇跡的ともいえる写真を撮ることができました。このタイミングだからこそ、のことです。

大河ドラマ『**新選組**』（二〇〇四年）のオープニング映像などで強いインパクトを残していますが、特に印象深いのは、『**鬼平犯科帳スペシャル　一寸の虫**』（二〇一一年、フジテレビ）での使われ方です。本作の物語中盤、密偵・おまさ（梶芽衣子）と大滝の五郎蔵（綿

E-2

E-1

引勝彦）が密かにある相談をし合う場面があります。これは、わざわざここで撮らなくとも、撮影所内にあるちょっとした路地や、近くの神社の境内や森で撮っても問題のない、状況説明的な場面でした。

　こうした場面、ともすれば観る側は気を抜いて流し見してしまいかねません。それでは、実はドラマ上で大事な心情を見落とされてしまう。作り手はそうならないよう、工夫をしなければなりません。本作では、画面の上部と左右が朱色一色、地面は長く連なる石畳[E-2]――という千本鳥居ならではのインパクトある画を撮ることで、観る側の気を引かせることに成功しました。

　ちょっとした場面でも印象的な映像にしてしまう。これぞ京都ならではのロケ効果といえるでしょう。

F-1

中ノ島橋（嵐山）（F）

この日の最後に訪ねたのは、嵐山です。嵐山といえば桂川にかかる長大な渡月橋《とげつきょう》が有名ですが、今回の目的地はそこではなく、渡月橋から少し下流にある中ノ島橋。撮影現場では「太鼓橋」と呼ばれています。ここは渡月橋を小さくしたような形状[F-1]の橋で、阪急電鉄の嵐山駅と天龍寺などの嵐山・嵯峨野中心地をつないでいるので、普段は多くの観光客や地元の住民が行き交っています。

この橋は欄干や柱が木でできているため、時代劇に使いやすい。しかも、撮影所からは車で五分という最高の立地にあります。車も停めやすい。そのため、時代劇にはとにかく数多く出てきます。

また、少し上流には堰堤《えんてい》があり、その段差のために川の流れが滝のように見える。これが橋の背後に映り込むように撮る[F-2]ことで、風情のある背景になります。堰堤のみが撮られることもあり、手前に人物や地蔵などを置いて橋の袂から撮る情景描写[F-3]や、橋の上から堰堤全体[F-4]を撮ることもあります。

橋の上から撮った堰堤として印象深いのは、映画『**子連れ狼　子を貸し腕貸しつかまつる**』（一九七二年、三隅研次監督）の序盤です。主人公の拝一刀《おがみいっとう》（若山富三郎）と柳生備前（渡辺文雄）の決闘シーンはこの堤をバックに撮影され、下段に構えて水中に刀を浸して切っ先を相手に見えなくさせて一気に斬り上げる一刀の奥義「波切の太刀」が披露されたのは、まさにこの川の中でした。宿敵となる柳生烈堂（伊藤雄之助）は橋の上からその様子を見下ろしており、このロケーションをふんだんに活かしたシーンになっています。

また、テレビシリーズ『**新・必殺仕事人**』第一話もそうです。ここで三味線屋勇次（中条きよし）と簪《かんざし》の秀《ひで》（三田村邦彦）が対峙する場面があるのですが、それがまさにここで撮られています。西陽に照らされた川面をバックに、逆光の中を向かい合う二人のシルエ

F-3

F-2

F-4

F-5

ット——という実にかっこいい映像に仕上がっていました。

『必殺』シリーズでは他にも印象的な使われ方をすることがあるのですが、特に印象深いのは『**必殺仕置人**』(一九七三年〜、朝日放送)第三話「人間のクズやお払い」のラスト。ここでは橋の上をやくざの一団が通るのですが、念仏の鉄(山崎努)ら仕置人チームはそれをやり過ごすため、橋の下に身を隠します。その際に使われたのが、この橋の真下にある石垣の段差[F-5]でした。

なお、この中ノ島橋はこの日の取材時は橋の補修が行われていて満足な写真が撮れませんでした。そのため、その後も何度か訪れては撮影しています。

二日目

二〇二〇年六月十一日

流れ橋→長岡天満宮(錦水亭)→光明寺→大映通り→仁和寺

撮影二日目は京都府の南部をスタートに、市街の外郭を半周するルートで回りました。

流れ橋（A）

京都府の南部、八幡《やわた》市にあります。木津川にかかる全長三五六・五メートル、幅三・三メートルの巨大な木製の橋で、正式名称は「上津屋《こうづや》橋」。河川増水の際、水に流されることを想定して作られたことから「流れ橋」と呼ばれています。「時代劇に出てくる橋」といえば、まずここが浮かぶ方も少なくないのではないでしょうか。

ここの特徴はなんといっても、その長さと高さ。そして欄干がないこと。そのスケールの大きさ[A-1][A-2]のため、多摩川、荒川、木曽川、天竜川といった巨大な河川を渡る場面で使われます。

登場人物たちにここを歩かせるだけで「長い旅の途中」という旅情感が画面にもたらされる。そのため、大名行列を渡して参勤交代の場面を撮ったり、旅姿の主人公を歩かせたりして、「江戸へ向かう」「江戸を出ていく」という場面の象徴になってきました。

A-1

A-2

A-3

A-4

また、橋げたの幅が広い上に[A-3]、南岸は水が少ないときは砂地になっていることが多い[A-4]ので、それを利用してアクションシーンも撮られています。テレビシリーズ『**服部半蔵 影の軍団**』第二話（一九八〇年、関西テレビ）では千葉真一VS倉田保昭という世界を股にかけて活躍するアクションスター同士の激闘の舞台となりました。テレビスペシャル『**闇の狩人**』（一九九四年、テレビ東京）のクライマックスでは橋の上で闘いが繰り広げられ、その下で侍が馬を駆るという立体的なシーンにする効果をもたらせています。

また、河原のスペースの広さは合戦シーンの撮影場にもなりました。テレビスペシャル『**白虎隊**』（一九八六年、日本テレビ）前編では鳥羽伏見の戦い、後編では会津の婦女隊による激戦の場面が撮られています。同じく日本テレビのテレビスペシャル『**五稜郭**』（一九八八年）では箱館戦争の激闘が展開、土方歳三《ひじかたとしぞう》（渡哲也）の壮絶な立ち回りと戦死が撮られています。

ただ、この取材日は梅雨の真っ最中というのもあり、あいにくの悪天候。思うような撮影ができなかったので、八月に改めて撮影をしました。今度は天気は良かったのですが、四〇度近い気温。一つ間違うと身の危険があるレベルの陽射しを浴びながら、橋を何度も往復してさまざまなアングルから撮影をしました。過酷ではありましたが、その分、狙い通りにこの橋ならではの旅情感ある写真[A-5]が撮れたのではないかと思っています。

その中に、橋の上であぐらをかいている写真があります。[A-6] これは、本当は足を垂らして、橋に腰かけている感じにしたかったんです。イメージは『**必殺仕置人**』最終回ラストのおきん（野川由美子）と半次（秋野太作）の感じで。ところが、思わぬ高さに、足を投げ出すことができなくなり、この体勢になってしまいました。それだけだとなんだか寂しい感じなので、いちおう手を広げています。

普段は地元の方が通行用に使っており、取材当日もご年配の方が徒歩や自転車で渡っていました。欄干がないだけに危ないよな――と思いつつも、こんな風情のある橋を日常で使っているというのは、なんとも贅沢な気もしました。

A-5

A-6

長岡天満宮（錦水亭）（B）

次は八幡市から北上して、隣接する長岡京市に入りました。目的は長岡天満宮。といっても、長岡天満宮そのものでは時代劇の撮影はほとんど行われていません。ここでロケ地に使われるのは、境内に隣接する料亭・錦水亭です。

天満宮の入り口にある八条が池に張り出すように建てられた、紅殻色の壁の離れが連なる[B-1]様は風情豊か。ここが時代劇では密談が繰り広げられる高級料亭として撮られる他、男女が密会する「出会い茶屋」に仕立てられたりもします。

引いて全景を眺めると小さな池に建てられていることが分かりますが、時代劇では対岸を映さないようにトリミングすることで、大川（隅田川）の岸に建てられた川床[B-2]として映し出されることになります。そのため、舟を漕いで離れに着ける——という描写を挿入してさらに風情を強める演出がほどこされることもあります。

実際の入り口[B-3]は陸側にあります。この門も侘びた質感があり、料亭や茶室、出会い茶屋に入るシーンの入り口として、そのまま撮影に使われています。

B-1

B-3

B-2

光明寺（C）

同じく長岡京市には、時代劇の撮影で欠かせない「聖地」がもう一カ所あります。それが光明寺。西山浄土宗のお寺です。左京区にある金戒《こんかい》光明寺（後述）と区別するため、その地名をとって「粟生《あお》光明寺」と呼ばれてもいます。

門をくぐり中に入ると、一つ一つの段の高さが低く幅と奥行きが広い、独特の石段が長く続きます。C-1 周りを木々に囲まれて少し薄暗い中にある石段が雨に濡れたら、C-2 その風情たるや筆舌に尽くせぬものがあります。しばらく石段を登っていくと、徐々に御影堂の大きな屋根が見えてくる。C-3 この、楚々とした情感からのスケール感という移り変わりが、映像のメリハリになり、画面をよりドラマチックなものにしています。

この石段が効果的に使われた代表例は、『**鬼平犯科帳**』第二シリーズ第九話「本門寺暮雪」のクライマックスです。ここでは光明寺は池上本門寺に見立てられ、平蔵と彼を狙う「凄いやつ」と呼ばれる刺客（菅田俊）との石段での決闘が撮られています。粉雪が舞う中、石段を登る着流し姿の平蔵。石段の上で待ち構え、襲い掛かる刺客。情緒あふれる空

C-1

C-2

C-3

間で展開される、緊迫感あふれる殺陣。これは、京都のさまざまなロケーションの中でも光明寺でなければ撮れない映像でした。

　階段を登りきると、そこには大きな御影堂が鎮座しています。そして、その前には由緒ある鐘撞の堂[C-4]が。普段は厳かな場所なのですが、時代劇の撮影となると、必ずしもそうはいきません。たとえばテレビスペシャル『**丹下左膳　剣風！百万両の壺**』（一九八二年、フジテレビ）では、本堂の縁の下[C-5]での乱闘シーンがあったり、ヒロインのお藤（松尾嘉代）が上半身裸になって鐘の横で啖呵《たんか》を切ったり、と賑々《にぎにぎ》しい場面になっていました。

C-4

C-5

大映通り（大魔神像）　（D）

昼食を終え、京都市内へと移動しました。目指すは太秦。東映と松竹、二つの時代劇撮影所を擁する、まさに「聖地」です。といっても、今回は通り過ぎるだけ。本格的な取材は最終日に回します（※松竹の撮影所は一般は立ち入り禁止のため、本書では取材から外しました）。

かつてこの地にはもう一つ、大映の京都撮影所があり、長谷川一夫、市川雷蔵、勝新太郎たちが活躍していました。大映は倒産したので今はその撮影所はなく、私がこの辺りに滞在しながら取材していた約十五年前は跡地に建ったマンションの入り口に小さな石碑を遺すのみになっていました。

撮影所自体は無くなりましたが、その前の商店街の「大映通り」という名前は今も残り、かつてここに撮影所があったことを今に伝えます。そして、近年になってさらにそのことをアピールするようになり、その一環として大映が生んだある時代劇ヒーローの像が置かれることになったのです。

それが大魔神。領主の悪政に苦しむ庶民のために立ち上がった、巨大な武神です。映画

D-1

『**大魔神**』シリーズ（一九六六年）は、この大映京都で生み出されたのです。その像が、大映通りと三条通の交差点近くのスーパーマーケットの前にそびえ立っています。[D-1]

仁和寺　（E）

太秦からさらに北上、この日の最終目的地である仁和寺に向かいました。

広大な敷地の中に、南禅寺・知恩院と並ぶ「京都三大門」の一つである二王門、五重塔、南北の庭、御室桜などのさまざまな景観を擁する真言宗御室派の総本山は、多くの場所が時代劇のロケ地になっています。

仁和寺といえば、まずなんといっても五重塔。特に御室桜越しに見える塔[E-1]は京都の観光ポスターにも必ず使われるほどの、圧巻の景観です。このアングルは、『**鬼平犯科帳**』のエンディングでも使われています。ここでは、ジプシーキングスの奏でる「インスピレーション」のメロディに乗せて四季折々の景観が映し出されていくのですが、その最初がこの「桜越しの五重塔」。それだけ、この景観は「いにしえの情緒」の象徴ともいえるものなのだと分かります。このアングルは桜林の奥[E-2]にある小さな土塊に登ることで撮ることができます。

ただ、この五重塔もまた、時代劇で使われるのは「情緒ある場面」だけではありませ

E-1

E-2

ん。たとえば『**丹下左膳　剣風！百万両の壺**』では左膳（仲代達矢）が塔の屋根に乗って啖呵を切ったり壺を落としたりしています。また、テレビシリーズ『**必殺からくり人**』（一九七六年〜、朝日放送）第一二話「鳩に豆鉄砲をどうぞ」では殺し屋の時次郎（緒形拳）が参拝にくる標的を塔の窓から射殺するために立てこもったり、映画『**必殺！III　裏か表か**』（一九八六年、工藤栄一監督）では町娘が飛び降り自殺をしたり——と、そのスケールの大きさ[E-3]を活かして不穏な場面で使われました。

それからも、二王門から中門までの参道[E-4]がとにかく時代劇にはよく出てきます。両端を白壁に挟まれた砂利道、さらに道幅は広く、真っすぐに長く伸びる。そのため、多くの人が行き交って賑わう江戸市街の通りや縁日で賑わう大寺院の境内の場面などで使われます。

そうなると、一目見て「江戸ではなく京都」と思われてしまうので、二王門は映らないほうがいい、ということになります。二王門を背にしてカメラが置かれることが多いため、その先にある中門が映り込む。その際には、中門の薄いピンク[E-5]が、アクセントとして効果を出すことになります。

仁和寺は他にも時代劇の撮影スポットはあります。が、今回の取材時は土砂降りの雨に

E-4

E-3

E-5

遭ってしまい、これ以上の取材ができませんでした。訪れた際は、ぜひくまなく回ってください。「あっ！」という場所にまだまだ出会えます。

三日目

二〇二〇年六月十二日

等持院→大河内山荘庭園→

二尊院→落合

時代劇ファンが訪れたい「聖地」という場合、実際に撮影が行われたロケ地はもちろんですが、「時代劇関係者ゆかりの地」もそこに含まれると思います。そこでこの日は、時代劇の歴史で重要な役割を果たした人々に縁の深い場所を中心に回ることにしました。

等持院（A）

洛北にある等持院は、足利家の歴代将軍の墓所のある、時代劇だけでなく歴史ファンにとっても重要な場所です。そして、この墓所には「日本最初の時代劇スター」である尾上《おのえ》松之助《まつのすけ》の墓もあります（※墓所は関係者以外立ち入り禁止）。

ただ、もう一つ重要なことがあります。それは、かつてこの地に撮影所があった――ということです。

一九二一年、この地に撮影所を建設したのが「日本映画の父」と呼ばれる映画監督・マキノ省三でした。尾上松之助の忍術映画などで人気を博していたマキノはここを拠点に自らの手で映画製作を始めます。そして、阪東妻三郎《ばんどうつまさぶろう》らのスター、衣笠貞之助《きぬがさていのすけ》らの監督がここで活躍、時代劇の屋台骨を支える存在になっていきます。いわば、「時代劇製作の原点」

マキノ省三先生像
A-1

ともいえる場なのです。マキノ省三は『**次郎長三国志**』など数々の名作時代劇を撮ってきたマキノ雅弘監督の父親であり、長門裕之・津川雅彦兄弟の祖父でもあります。

撮影所の跡地は民家が立ち並んでいますが、境内にはマキノ省三の銅像が建っており、往時を偲《しの》ぶことができます。

大河内山荘庭園（B）

今度は嵐山へと向かいます。京都有数の観光地である嵯峨野の竹林へ。普段は観光客でごった返す場所ですが、この日は幸いにもほとんど人はいませんでした。そうした中で改めて思ったのは、京都の有名な観光地は風情が尋常ではないということです。だからこそ多くの観光客が来るわけですが、そうなると喧騒が生まれて風情は損なわれる。そんな皮肉な様が、近年の京都での日常でした。

それはさておき。今回の目的地は、この竹林ではありません。竹林を長いこと歩いた先に建っている大河内《おおこうち》山荘庭園。『**丹下左膳**』シリーズなどで一世を風靡《ふうび》した戦前からの時代劇スター・大河内傳次郎《でんじろう》が自らの私財を投じて作り上げた山荘です。

B-1

ここが凄いのは、山の中に家がポツンとあるというような、「山荘」という言葉からイメージされるようなところではない、ということです。山そのものが巨大な日本庭園となっているのです。石で舗装された山道を順路に沿って歩いていると、至るところで見事な庭石や木々を目にする[B-2]ことができます。山の中に侘びた情感の茶室も建てられています。

さらに登っていくと、頂上付近には休憩所[B-3]があり、そこからは京都市街を見渡せるだけでなく、遠く大文字山や比叡山までも見渡すことができます。

大河内がここまで山荘を築き上げたのには、理由がありました。

B-2

当時、フィルムは可燃性で、すぐに焼失していました。自らが精魂込めて演技をした作品が次々と消えて無くなってしまう。そのことに空《むな》しさを覚えた大河内は「何か形のあるものを残したい」と山荘の造園を思い立ち、映画の出演料の大半をその建設につぎ込んでいったのです。

入り口近くには資料館もあり、コンパクトなスペースながら出演作品のリストや映像、さらに当人の使用した台本や現場写真なども展示[B-4]、大河内をあまりご存じない方でもそのスターとしての足跡に触れることができるようになっています。

B-3

B-4

小倉山　二尊院　（C）

大河内山荘を出ると道は三方に分岐されています。入り口を背にして正面の道は嵯峨野の竹林、右手に進むと亀山公園を経て渡月橋へと降りられます。そして、我々は左手へ下りました。鬱蒼とした峠道を抜けた先にあるのが、二尊院。平安初期に建立された、天台宗のお寺です。車で行ける別ルートもちゃんとあります。

小倉山の麓に位置しており、門をくぐり山のほうに登っていくと墓所[C-1]があります。そしてそこにあるのが「田村傳吉」なる人物の墓[C-2]。彼こそ、「バンツマ」の愛称で親しまれてきた、大河内と並ぶ戦前の時代劇スター・阪東妻三郎です。

幾多の名作に主演して大正から昭和初期にかけて時代劇の大ブームを巻き起こした伝説の大スターですが、功績はそれだけではありません。彼は自ら映画製作に乗り出すようになり、新たに撮影所を建設します。そこで選んだのが、太秦でした。当時の太秦は藪《やぶ》だらけの地で、そこをゼロから切り開いていったのです。そして、その撮影所が今は「映画村」でも知られる東映京都撮影所なのです。現在に至るまで京都が「時代劇の聖地」たり

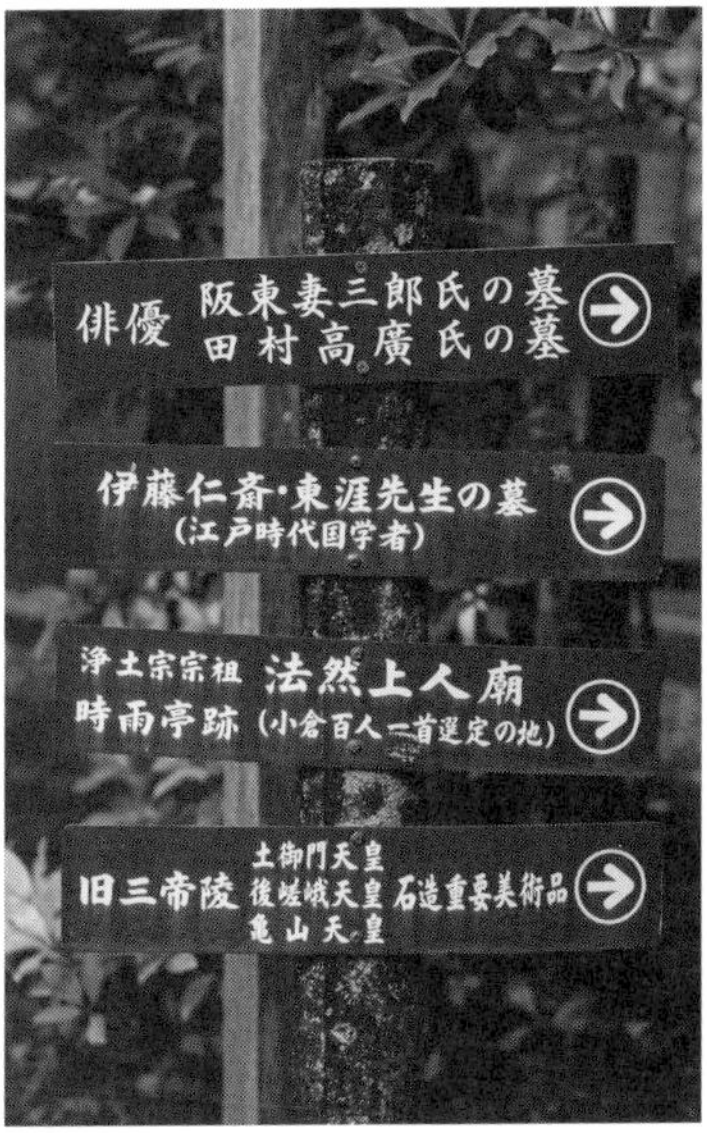

C-1

C-2

えたのは、彼がいたからこそ――といっても過言ではありません。

また、その息子たち、田村高廣、正和、亮が俳優として活躍もしてきました。取材当日、妙齢の女性が「バンツマさんのお墓はどちらでしょう?」と尋ねてきました。「バンツマのファンなのですか?」と聞くと、「私は正和さんのファンなのですが、正和さんを生んでくれたことのお礼が言いたくて――」とのこと。まさに、ここも「聖地」なのです。

バンツマと大河内という二大スターゆかりの地が並ぶ形で太秦の時代劇現場を見下ろす。なんとも素敵な一帯なのです。

さて、この墓所は時代劇の撮影でも使わ

C-3

れています。『**忠臣蔵**』（一九九六年、フジテレビ）では浅野内匠頭《たくみのかみ》の墓所（＝高輪泉岳寺）として使われていました。また、山深い中に大きな墓がいくつも立ち並ぶため、道幅も他の寺院の墓所に比べて広い。[C-3] そのため、「墓参り中の襲撃シーン」なども撮られています。

入り口から本堂に向かう石段[C-4]もよく使われます。ここの石段は一つ一つの高さが低く奥行きと幅が広い。光明寺にも似ていますが、異なるのは、その先に見えるのがお堂の屋根ではなく、白壁であること[C-5]。そのため、武家屋敷や大商人の別宅など、現在でいう「高級住宅街」の風情を求める場面では、ここを使うことが多いです。

C-4

C-5

落合（D）

午前中は風情豊かな場所ばかり訪ねましたが、午後はそれが一変。とてつもない難所に向かいました。それが撮影現場では「落合」と呼ばれる場所。嵯峨野から北上し、府道五〇号線をしばらく進んだところにある——断崖絶壁[D-1]です。

京都で撮られた時代劇に出てくる崖は、ほぼここで撮られています。急カーブ続きの峠道を車で抜け、そこから崖道を少し歩いたところに急に開けた景色が現れる。それが、この「落合」です。鬱蒼とした林を抜けた（この林も時代劇にはよく出てきます[D-2]）先に、見覚えのある景観が飛び込んでくると、きっと感動することでしょう。

しかし、時代劇の撮影で使える崖ということは、「現代」が映り込まないということでもあります。つまり、柵などの危険防止装置が全くない。実際に行って分かりましたが、かなり身の危険のある場所です。ですから、ここは行くことをお勧めしません。そのため、詳しい行き方も書きません。それでも行かれる際は、雨などで足場が悪くなっている日は避けてください。また、靴も滑りにくいものを履いていただきたく。

D-1

D-2

D-3

この断崖は保津川の渓谷を見下ろせる場所にあります。この渓谷も、時代劇ではよく使われます。ゴツゴツした岩場の河原が特徴的で、たいてい山深いところにある河原のシーンは、たいていがここで撮られています。今回の取材では、直前まで雨が降っていたのもあり足場が危ないと判断、撮影を断念しています。

この断崖や河原で殺陣の場面が撮られることもありますが、現地に行くとそれがいかに命がけの撮影なのかがよく分かり、それに臨む俳優やスタッフに改めて感服しました。

四日目

二〇二〇年七月二日

大覚寺→広沢池→

清涼寺→神護寺

この日は、今回の書籍における最重要ポイントの一つである大覚寺の取材。午前は大覚寺とその周辺に集中し、午後はそこから少し足をのばして六月に続いて山のほうに向かいました。

大覚寺（旧嵯峨御所　大本山大覚寺）　（A）

時代劇のエンドクレジットを観ていると、必ずといっていいほど「協力：国宝　大覚寺」という文字を目にします。それほど、時代劇の撮影に協力的なお寺なのです。その上、撮影所から車で十五分足らずの近さにある。

大覚寺は広い敷地内の至るところが時代劇の撮影で使われており、しかも撮る側が工夫せずとも現代が映り込むことがないので、ほぼそのままの状態で撮られています。そのため、時代劇を少しでもご覧になったことのある方なら、ここに足を踏み入れた途端、そして敷地内を巡れば巡るほど、画面の中で観てきた景観ばかりに次々と出くわすため、「本当に時代劇の世界にいるのでは――？」という不思議な錯覚に襲われることになると思います。

A-1

私も、最初に時代劇撮影に取材で付き添う形で大覚寺に行った際、そうでした。幾多の作品の名場面の背景になったそのままの景色がそこにあるのです。「あ、あれもここで撮られてたのか！」そんな驚きと喜びが、歩を進める度にこみ上げてきました。

大覚寺は時代劇で最も撮影されてきた、聖地の中の聖地。「第二の撮影所」とすらいえます。そのため、撮影ポイントも広範囲かつ多岐にわたっています。

そこで、ここではエリアを三つに分けてご紹介します。

お堂エリア

まずは、お寺の建物そのものです。武家屋敷にてよく使われるその外観[A-1]だけでなく、内部も使われてきました。

屋内シーンの大半は撮影所のスタジオにセットを組んで撮影されています。が、なかなかセットで作りにくい場面があります。それが、御殿や館の廊下です。部屋から部屋へと移動する長い廊下が撮影で必要になるときがあります。が、それを撮れるだけの規模のスタジオは撮影所にもそうありませんし、わざわざそれだけの場面を撮るのに大きなセットを組んでいては予算的にもスケジュール的にも効率が悪い。

そこで使われるのが、この大覚寺の回廊です。三角屋根の低い天井、幾重にも連なる細い柱、段々になっている床[A-2]。独特の形状の回廊は高貴な人が襲われないようにそのような設計になっているといわれ、大名、旗本、大商人の住まう屋敷にピッタリな贅沢さがあります。江戸城の大奥の廊下として使われることも。

あまりの壮観に、カメラマンの来間《くるま》さんは「うわ、全方向や……」と嘆息していました。そのくらい、見渡すかぎり全てがフォトジェニック[A-3]な回廊になっているのです。

A-2

A-3

A-4

もちろん、使われるのは回廊だけではありません。

元は御所であっただけに、各堂はどれも豪勢な作りですし、砂利の敷き詰められた広い庭の向こうに見える勅使門《ちょくしもん》[A-4]も壮麗。このスケールの景観は、大大名の屋敷や城の本丸御殿として使われ、庭にいる多くの家臣を見下ろす——という場面が撮られたりもします。

それから、参拝口から見える玄関はそのまま旗本屋敷の玄関になります。門から続く石畳の道[A-5]、そして屏風絵の飾られた玄関(六頁)。完璧です。

さらに、その西側にある明智門[A-6]。ここは明智光秀が築城した亀山城から移築したも

POST CARD

春日太一・著『時代劇聖地巡礼』　写真：来間孝司

ミシマ社
MISHIMASHA

A-5

A-6

のと伝えられ、そのため大名の江戸屋敷で使われることも多いです。が、それよりなにより、この門といえば奉行所です。『必殺』シリーズの中村主水をはじめ、数々の同心や与力たちがこの門をくぐっていきました。

外濠周辺

大覚寺の境内は、石垣造りの掘割が外濠として周囲に張り巡らされています。明智門〜勅使門の前を通る幅がやや広い「御殿川」A-7と、それとT字で交差する幅の狭い「有栖川」A-8。この外濠もまた、時代劇でよく使われます。特に効果的に使ってきたのは、『必殺』シリーズでした。

それはたとえば、簪の秀（三田村邦彦）などの若手の殺し屋たちがクライマックスの殺しのシーンに出撃する場面です。その際、夜の暗闇の中、掘割を駆けていきます。そのときにバシャバシャッと立つ水しぶきが月光（照明のライト）に照らされて妖《あや》しく煌《きら》めく。それにより、これから始まる「殺し」に対して観る者の気分が盛り上がる——そうした演出の大きな助けになっています。

また、殺しのシーンそのものがこの掘割の中で行われることもあります。逃げてきた標

A-7

A-8

A-9

的がここに追いつめられ、ずぶ濡れになりながら殺される。そして、ここで殺されるのは悪党だけではありませんでした。『**必殺仕業人**』（一九七六年、朝日放送）の最終回では、この掘割で主人公の一人・赤井剣之介（中村敦夫）が惨殺されています。水の煌めきが、その悲劇性を盛り上げていましたが、この場面は勅使門にかかる橋の下[A-9]で撮られています。

大沢池エリア

そして、大覚寺の「時代劇聖地」といえば、なんといってもこの大沢池です。

大きく広がる大沢池[A-10]自体と、その周辺の景観は、ありとあらゆる時代劇のありとあ

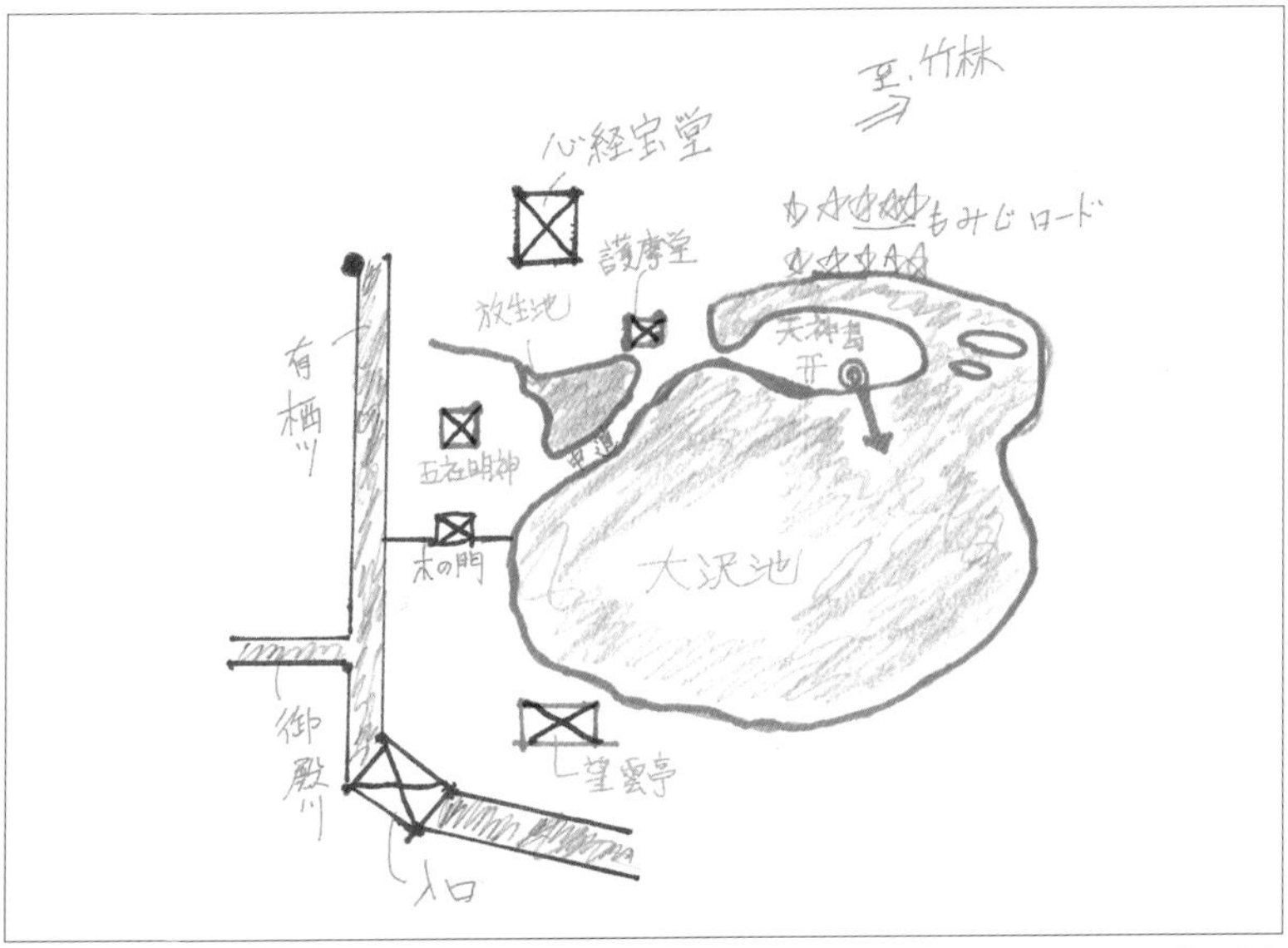

作・春日

A-10

らゆる場面で使われてきました。このエリアの中には、千変万化の時代劇の景色があるのです。

まずは、大沢池エリアの入り口から池沿いに少し歩くと、古びた木の門[A-11]にぶつかります。そして、そこをくぐると、小さな社が。ここは「五社明神」と呼ばれており、ここに建てられた小さな舞殿[A-12]が時代劇にはよく出てきます。能舞台になったり、旅芸人たちが園芸を披露したり、農民たちが集まって一揆の謀議をすることもあります。

この五社明神の右手からは、大沢池と、小さな放生池間を中州のような感じで、その間に一本の道が通っていきます。これが中道[A-13]。両側が池という特殊な景観のため、こ

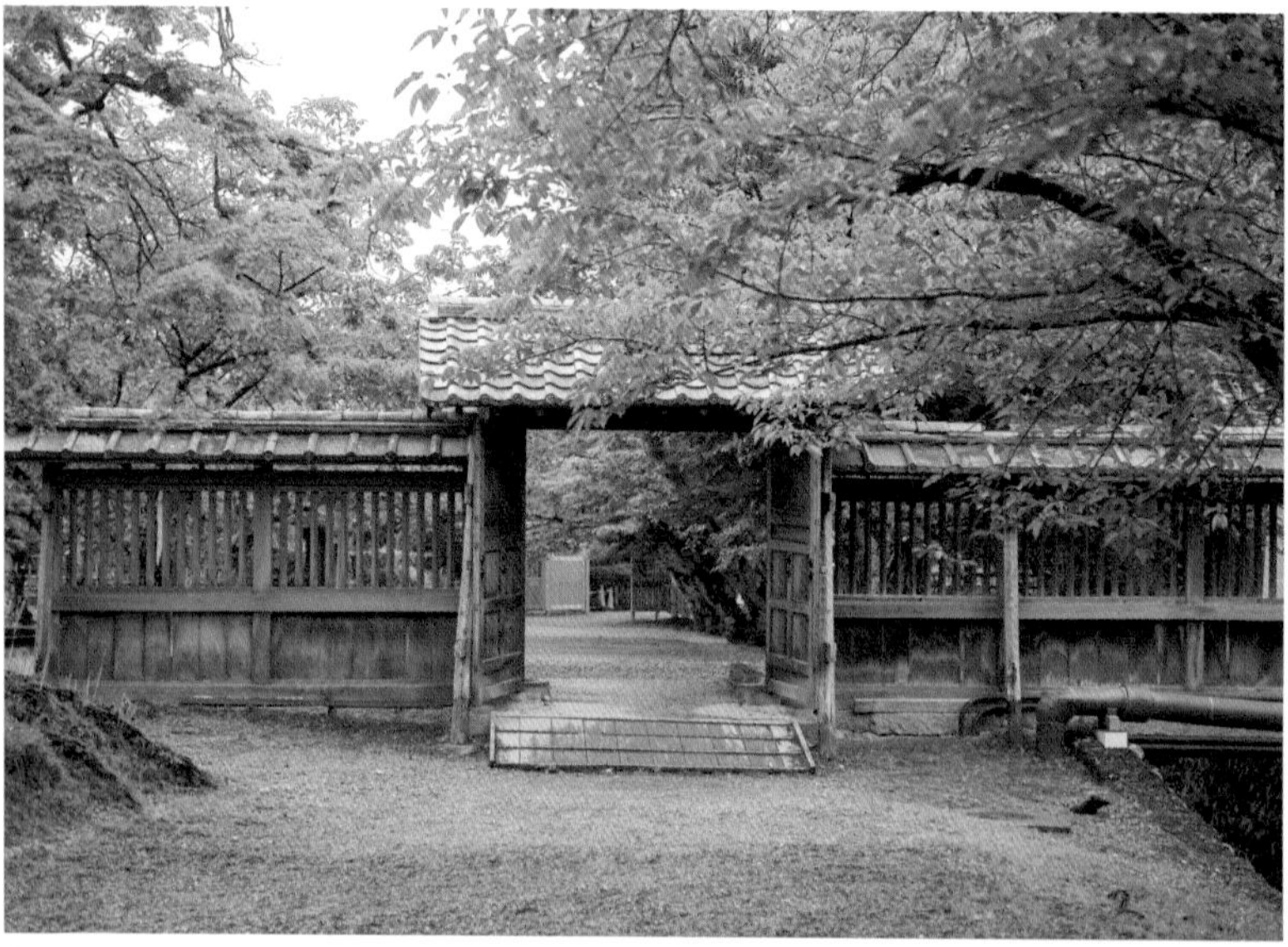

A-11

A-12

A-13

A-14

こがそのまま使われることはあまりありません。

大沢池をトリミングして放生池のみ[A-14]を撮ると、池の畔。逆に放生池をトリミングして大沢池側のみ[A-15]を撮ると、これが大川の堤として使われることになります。大沢池側が撮られることが多く、ただ歩く場面を撮ることもありますが、放生池の対岸から放生池は入らないように撮ったロングショット[A-16]というのも使われます。

特によく出てくるのはテレビシリーズ『**暴れん坊将軍**』(一九七八年〜、テレビ朝日)。たいていは、苦しい目に遭っている人々のしんみりとした心情を吉宗(松平健)が聞くというシーンです。このとき、それ

A-15

A-16

を聞いている吉宗のアップも挿入され、背景に映る大沢池のきらめきが、場面に優しい情感を与えることになります。

今回の撮影時には、池にはつがいの鴨たち[A-17]がいました。さすがは大覚寺の鴨。撮影には慣れているのでしょう。慌てることなく平然とたたずんでいました。

中道を渡ると、そこにはお堂が一つ。これは「護摩堂」[A-18]と呼ばれています。主に街道筋の場面で使われ、旅人たちが休息をとったりします。また、印象的な使われ方をしているのは、やはり『必殺』シリーズ。殺し屋チームたちが情報交換をする場として、よく出てきました。

護摩堂から大沢池の反対側を見ると、そ

A-17

A-18

A-19

こには「心経宝塔」という赤い塔[A-19]が建っています。その前の辺りは撮影所スタッフたちが「広場」と呼ぶ少し開けたエリアがあり、ここに出店のセットを建てることで小規模ながら縁日のシーンを撮ることができます。

　そこからさらに奥に行くと、「もみじロード」と呼ばれる道があります。ここはその名の通り、両側を無数の紅葉[A-20, A-21]が林立しており、秋になると辺り一面が真っ赤に色づいたトンネルになります。が、時代劇で使われるのは、その赤が散った後です。冬枯れで葉が一枚もない木がズラッと並ぶ景色。その寂しさ、そして不気味さが、上州や信州あたりの街道筋の乾いた冬景色として見立てられることになるのです。

　ここからさらに奥に行くと、竹林A-22があります。この竹林が実に使い勝手が良い。というのも、その中を一本の道が貫いている。しかも、嵯峨野のように観光用の柵もない。自然な質感のある道なのです。なので、「そこらの林」として使える。ここでは主に、襲撃シーンや決闘シーンが撮られます。ここに掲載した写真は、テレビスペシャル『**果し合い**』（二〇一五年、時代劇専門チャンネル）で筆者が現場取材した際に撮影したものです。

　さて、本書の取材には、当初から一つの目標がありました。それは、『鬼平犯科帳』のエンディングに映されるのと同じ画（撮

A-20

A-21

A-22

影所で撮られた分を除く）を全て撮って集めることです。どこからどう撮れば、あの画になるのか。一つ一つ解説してみたかったのです。この時点では、すでに仁和寺の五重塔は押さえてあります。

そして、この大沢池もエンディングに出てきます。土の堤をバックに川を舟がゆく。画面の手前には桜の枝――という、仁和寺の次に出てくる画です。これが実は、川ではなく大沢池で撮られていたものでした。

では、どこから撮られたのか。スマホに実際の映像から取り込んだ写真を眺めつつ、その撮影スポットを探しました。ここだろうか、いやここでもない――そんなことを繰り返しながら、ついに見つけました。

A-23

大沢池に浮かぶ天神島の南岸から大沢池の東岸を[A-23]撮ると、まさにこのアングルになるのです。実際の『鬼平』で対岸の堤が大きく映っているのは、かなりの望遠を使って撮影しているためです。そんな撮影の工夫の発見も、今回の取材での収穫でした。

広沢池 （B）

大覚寺から車で数分のところにあるのが、この広沢池です。

ここも大沢池と同じく、対岸をトリミングして大川と見立てられる場面が撮られます。

ただ、大沢池とは使われ方は異なります。大沢池が使われるのは大川の下流域、ちょっとした街はずれくらいの場面なのに対して、広沢池はもう少し奥まった場面で使われるのです。

広沢池の南岸は車道、西岸は集落があるため、撮影されるのは主に北側と東側になるのですが、東側は葦が生い茂り、その向こうにはかやぶきの民家[B-1]が建っています。この民家を借景して撮られることがあります。また、葦の岸辺で芝居が撮られることも。

そして北側には小高い山[B-2]がそびえています。そのため、そこに映し出されるのは田舎の情景、江戸というよりは武蔵野になるわけです。大川だけでなく、荒川や多摩川の中〜上流にも見立てることができます。

西岸は車が一台通れる程度の細い道になっていますが、それを隔てた池の反対側はのどかな田畑も広がります。かつては、この田畑も時代劇の撮影で使われていました。大沢池から広沢池へ。たった数分の移動で全く異なる二つの水の情景が撮れてしまう。しかも、どちらも撮影所からすぐ近くにある。これぞ京都ならではの利点が凝縮された場所といえます。

そして驚かされるのは、そのアクセスの良さです。奥まった田舎の場面が撮られる場所なのですが、実際にはバスも行き交うような大きな車道に思い切り面している。そのため車で簡単に来れますし、駐車スペースも困りません。

さらにもう一つ、広沢池には面白いポイントがあります、それは、冬になると水抜きがされて景色が一変することです。それにともない、時代劇での使われ方も変わります。その辺りの話は、十二月の取材時の項（二〇八頁）で後述します。

B-1

B-2

清涼寺（C）

嵐山や撮影所のある太秦方面から大覚寺に向かうと、途中で背の高い楼門に突き当たります。この楼門の前の通りを右に曲がると大覚寺へ行き着く。

そして、この楼門＝仁王門のある寺、清涼《せいりょう》寺もまた時代劇で使われています。

基本的には、この楼門の上部をトリミングして、門扉の周りから見える奥の参道から釈迦堂にかけての景観が撮られている画[C-1]がなじみ深いかと思います。この構図は、仁王門のトリミングされた一階部分を雷門に見立てて浅草寺として撮られることが多く、『**鬼平犯科帳**』のエンディング映像の一つにも選ばれています。あの映像が、実はカメラの真後ろが大きな車道という撮影ポイントで撮られているというのも、なかなかに驚かされます。

境内も撮影に使われており、釈迦堂や塔を上手く背景に使いつつ出店を並べ、縁日や祭りの場面が撮られます。また、境内には竹仙という湯豆腐の専門店もあり、この風情のある建物[C-2]も背景に映り込み、情緒を高めてくれています。

C-1

C-2

神護寺　（D）

この日の午後は周山街道を高雄方面へ向かいました。目指す先は神護寺です。ここは、本当に山深いところに建っています。

山門を抜けて境内に足を踏み入れると、山奥とは思えないような開けた光景が目に飛び込んできます。それでも、七月の蒸し暑い京都市街ではまず出会えないような涼しい風を肌に感じることができ、やはり山奥なんだと実感ができました。同時に、そのあまりに澄んだ空気を浴びていると「ああ、まさにここは本当の意味での《聖地》なんだな」と思い知らされます。思わず深呼吸してみたくなる場所です。

といっても「時代劇の聖地」となると、他のお寺と同様、そうはいきません。ここの大きな特徴は、まずは石段です。鐘楼へ向かう幅の狭い石段と、金堂へ向かう幅の広い石段。この双方が、時代劇にはよく出てきます。一段ごとの奥行きが狭く、荒々しく積まれた石段。それだけで、画面に迫力と緊迫感[D-1]がもたらされるのです。

そして、石段を登った先に鎮座する金堂。そのスケールの大きさと、山奥ならではの空

D-1

D-2

D-3

気[D-2]感が、尋常ならざる戦いの舞台にはうってつけなのです。あの石段をじっくり登りながら金堂にたどりつくと、そこには敵が待ち受けている――これは盛り上がります。そのため、テレビシリーズ『**影の軍団IV**』第六話（一九八五年、関西テレビ）やテレビスペシャル『**乾いて候**』（一九八三年、フジテレビ）ではいずれも、「主人公とそれを待ち受ける刺客軍団」による死闘の[D-3]舞台になっていました。

なお、我々は取材のため車で山門まで登れましたが、一般の参拝客はそれができません。徒歩でかなり登ることになりますので、歩きやすい靴はマストです。

五日目

二〇二〇年七月三日

妙心寺→今宮神社（参道のみ）→
東福寺

妙心寺と東福寺も、時代劇の重要な聖地です。ただ、どちらも敷地が広く撮影ポイントも多いため、午前は妙心寺、午後は東福寺と、それぞれ一カ所に集中して取材することにしました。その途中、今宮神社の参道にも立ち寄っています。ここも実は時代劇によく出てくる場所なのです。

妙心寺　（A）

全国約三四〇〇と言われる臨済宗妙心寺派の大本山だけあり、三門、法堂《はっとう》、仏殿のスケールの大きさは圧巻です。A-1

しかし、時代劇のロケ地としてこの妙心寺がありがたいのは、それだけではありません。妙心寺は一つの寺であると同時に、その境内では伽藍を取り囲むように、無数の塔《たっ》頭《ちゅう》寺院が立ち並んでいるのです。

しかも、そのいずれも白壁に囲まれ、門構えもある、由緒を感じさせる外観。A-2

A-1

A-2

それらがまるで一つの町のように密集して建っているため、狭く入り組んだ路地が広範囲において張り巡らされる格好になっているのです。さらに、その路地の全ては白壁に石畳[A-3]。その様は、京都の中にさらに小京都が存在しているようでもあります。

それだけに、時代劇では武家屋敷エリアや寺町に見立てられて撮られます。特に印象的な使われ方をしたのはテレビシリーズ『**八丁堀の七人**』(二〇〇〇年〜、テレビ朝日)で、奉行所の同心たちが暮らす「八丁堀」の一部となっています。特に、与力の青山久蔵(村上弘明)が暮らす役宅の外観[A-4]はここの塔頭の一つがそのまま使われました。青山ファンの方は、抜群の景観の路地を巡りながらその塔頭を探してみても楽しいかもしれません。

それから、ここは「江戸」だけではなく「京都」としても使われます。

かつての江戸の町並みが今は失われているのと同様に、かつての京都の町並みもまた、今の京都では少しの名残《なごり》を残すのみとなっています。それが、この妙心寺なら撮れるのです。路地の数々は「いにしえの京都」そのものですし、それらは一様ではなくそれぞれに特徴的。そのため、シーンの目的に合わせてさまざまなバリエーションを選択できるのです。

なので、ここは映画『**壬生《みぶ》義士伝**』(〇三年、滝田洋二郎監督)や大河ドラマ『**新選組!**』

A-3

A-4

A-5

（〇四年、ＮＨＫ）のオープニング映像といった新選組ものなど、幕末を舞台にした時代劇でも多く使われています。

歩いていると、[A-5] ふと路地の角から新選組の隊士や幕末の志士が現れるのではないかという錯覚に囚《とら》われる——そんな場所なのです。

今宮神社（参道のみ）（B）

境内は、また改めての機会にじっくりとうかがう予定でした。

東門から延びる参道には、両側が時代劇のセットかと見まがうような昔ながらの商店が向かい合っており、さまざまな神社の参道に見立てられてきました。特に印象深いのは『**鬼平犯科帳**』のエンディング映像。この地が「夏」の代表として使われており、店先に朝顔を飾りつつ、手前の燈籠越しに参道を行き交う人々の姿が撮られています。B-1

参道を挟んで両側は、いずれも名物の

B-1

B-2

「あぶり餅」のお店になっています。東門を背にして右側が「かざりや」、左側が「一文字屋和輔」。双方とも当時の風情を残した外観なので、食べ物屋のシーンなどで実際に撮影に使われてきました。

　今回は、せっかくなので「かざりや」で食べました。この軒先に座って灯籠側から撮ってもらうと[B-2]、自分も『鬼平』エンディング映像の中にいるような気分になれます。

C-1

東福寺　（C）

そこから一気に南下、京都駅を少し下がったところに建つ東福寺へ向かいました。

ここの大きな特徴は、まずなんといっても巨大な三門と本堂です。しかも、互いの距離が近い。[C-1] そのため、巨大な三門は他にもあるものの、門の間から本堂の壮麗な屋根が見える――[C-2] というアングルはここでしか撮れず、その迫力ある構図を利した重厚感ある画が欲しいときに使われています。

特に効果的に使われているのが、映画**『新選組』**（一九六九年、澤島忠監督）でした。物語中盤、暴虐な振る舞いが続く芹沢《せりざわ》鴨《かも》（三國連太郎）を近藤勇（三船敏郎）が諭すシーンがあるのですが、それがここで撮られました。太い柱や空間を埋め尽くしそうな本堂の屋根が背景に映し出されることで、二大名優の鬼気迫る演技合戦の火花を散らす舞台にふさわしい重量感が伝わってきました。

それから書院。ここは縁側の幅が広い方丈で、庭は侘びた風情の石庭[C-3]になっています。そのため、基本的には武家屋敷や寺院の書院、それから「大奥」もの等での江戸城本丸として使われるのですが、珍しいケースだったのが、映画**『忠臣蔵外伝　四谷怪談』**（一九九四年、深作欣二監督）でした。

ここではなんと、この方丈を「江戸城松の廊下」に見立て、浅野内匠頭が吉良上野介《きらこうずけのすけ》に斬りつけるシーンを撮っているのです。しかも、内匠頭を演じる真田広之は本当に吉良を斬ってしまうのではと思うほどの大暴れ、止めに入る大名たちも含めて、賑やかなシーンになっています。実際の方丈はとても厳かなだけに、実際にその場に立つとここであれだけの喧騒を撮った深作監督の無茶さを体感することができます。

そして、もう一つ大きな撮影ポイントがあります。

東福寺は境内を川が流れ、渓谷で二つに分断されています。そこには橋がかかっているのですが、この橋＝通天橋が瓦葺きの屋根のある、櫓《やぐら》のような独特の形状。これが、時代

C-1

C-2

宇治橋橋（D）

ここは、今は橋げたも柱も金属製になってしまったので、時代劇で撮られることはありません。それでも今回撮影に向かった理由は一つ。

『**鬼平犯科帳**』のエンディング映像で使われていたからです。後のシリーズでは東福寺の通天橋に差し替えられましたが、シリーズ初期は紅葉の枝越しにこの橋の全体が映し出されていたのです。

橋に向かう途中で雑木林の向こうに見え隠れする平等院鳳凰《ほうおう》堂に目もくれず、駐車場から結構な距離を炎天下を歩き続け、ようやくたどり着きました。しかも、それが撮影当時とは違う景観になっている――。

「コスパの悪い橋ですね」とはカメラマンの来間さん。『鬼平』のエンディング映像の撮影ポイントをコンプリートしたい方や、平等院鳳凰堂に行くついでに寄ってみるか――という人以外には、あまりオススメはできません。

D-1

八日目

二〇二〇年十月十二日

随心院↓日吉大社↓西教寺

十月は、滋賀を中心に取材しました。といいますのも、ここでのメインになる「西の湖」の水郷は葦が生い茂っているのですが、これが黄金色に色づいてからにしたかったからです。以前、藤田まこと版『**剣客商売**』（フジテレビ）の撮影現場を取材した際にこの地を訪れました。その時に見た、黄金に色づいた葦原が織り成す水郷の美しい景色が忘れられなかったのです。今回、それを撮りたかった。

といっても十一月や十二月だとかなり気温が下がり、長時間の屋外撮影は厳しくなる。そこで、この十月を選びました。

西の湖があるのは琵琶湖東岸の近江八幡市。そこで、取材は二日に分け、初日は山科から滋賀に入り琵琶湖西岸を取材、そして琵琶湖大橋を渡り一泊して朝から東岸を取材——というスケジュールを組みました。

なお、このエリアでは山科の毘沙門堂と大津の三井寺も時代劇でよく使われるのですが、スケジュール的に合わなかったのもあり、取材を見送っています。このエリアを一日かけて重点的に回られる際は、ぜひ立ち寄ってみてくださいませ。

A-1

随心院（A）

まず、滋賀に向かう途中、山科に立ち寄りました。目的地は随心院です。「小野小町ゆかりの寺」として知られる随心院ですが、表側と裏側で全く違う用途の撮影がされているのが面白いポイントです。両者の景色が、正反対なのです。

まず、よく使われるのは表側の門です。優雅で壮麗、堂々とした造りの薬医門[A-1]は大名屋敷——中でも身分の高い大名の江戸屋敷に見立てられています。たとえば藤田まこと版『**剣客商売**』では老中の田沼意次（平幹二朗）の屋敷、リメイク版の映画

A-2

『**十三人の刺客**』（二〇一〇年、三池崇史監督）では主人公（役所広司）の屋敷として登場。玄関から門に向かっての眺め[A-2]も威厳たっぷり。屋敷と庭園、池のバランス[A-3]も美しい調和がとれていて、風格を感じさせてくれます。

これが、裏に回ると景色が全く変わるのです。

裏手には鬱蒼とした林が生い茂り、白壁との間の道[A-4]を薄暗く覆っています。

この道が、悪党を尾行するシーンや辻斬りなどに襲われるシーンなどでよく使われるのです。

A-3

A-4

A-5

さらに林は「事件現場」[A-5]としても扱われ、同心や岡っ引きたちによる検死シーンもよく撮られています。

ただ、映画『**蝉しぐれ**』(〇五年、黒土三男監督)では密かに想いを寄せ合う男女が隠れて逢引きする場面[A-6]も撮られており、小野小町のゆかりの寺らしいロマンティックな使われ方もしました。

この白壁の両端は程よく朽ちていて、その質感が不穏さを増大させます。取材の日はブルーシートがかけられていました[A-7]が、それは保全のため。新しく綺麗に作り直すのではなく、あえてこうして「朽ちた感」を残そうとする姿勢に感服しました。

A-6

A-7

B-1

日吉大社（B）

　山科から国道一号線で山を越え、滋賀県に入りました。滋賀もまた、「時代劇の聖地」なのです。まず向かったのは比叡山のすぐ近く、日吉大社です。全国約三八〇〇の日吉・日枝・山王の総本宮なのですが、佗びた質感の木造の拝殿[B-1]は時代劇では「村の鎮守」に見立てられたりします。

　日吉大社の大きな特徴は、境内の山間に渓流（大宮川）が流れていることです。しかも、近くまで車で簡単に行けるし、歩道も整備されている。それでいて、そこで撮影すると画面には「秘境」のように映し出

B-2

される。作り手からすると願ってもないロケ地なのです。

最も上流にあるのが、日吉山荘というすき焼き店。ここは渓流の河原に建つ二階家[B-2]で、その風情あるたたずまいと景観もあって、時代劇では「山間の温泉宿」として使われています。取材時は残念ながら休業中で山荘に渡る橋も閉鎖されていました。が、来間さんのカメラマン魂に火が点《つ》いたようで、自ら渓流に入り、大きな岩から岩へと飛び移り、撮影スポットまで向かったのです。ここに掲載しているのは、そうして撮られた写真。見事なまでに「時代劇」しています。ただ、これはあくまで百戦錬磨のプロだからこその技。読者の皆さまは、決して真似はしないようにしてくださいませ。

もう一つ使われるのが、渓流にかかる石の橋「大宮橋」周辺です。実はここ、駐車場から物凄く近い。そのため、スタッフやキャストを数多く動員できるので、アクションシーンに向いているのです。橋と渓流とを使った立体的な殺陣[B-3]が撮れるため、『**暴れん坊将軍**』や『**三匹が斬る！**』（一九八七年〜、テレビ朝日）などで使われてきました。

この大宮橋をはじめとする石の橋は独特の形状をしているため、「異様なシーン」を演出するのに打ってつけだったりします。たとえば、境内に入ってすぐのところにある走井橋[B-4]。映画『**魔界転生**』（一九八一年、深作欣二監督）では、柳生宗矩《むねのり》（若山富三郎）が天草四郎

B-3

B-4

B-5

（沢田研二）ら魔界の衆を討つために渡る際に使われ、現世と異界との境界のように映し出されていました。

それから、執筆中に観た二〇二一年の正月二日放送の『**ライジング若冲**』（ＮＨＫ）。主人公の若冲（中村七之助）が師（石橋蓮司）と山中で出会うシーンがあるのですが、まさにこの日吉大社の東本宮に登る石段が背景に映っていた[B-5]のです。

実はそこはこれまでの時代劇ではあまり使われませんでした。そのため、私自身は撮影する指示をしていなかったのですが、カメラマンの来間さんが撮ってくれていたのです。

西教寺（C）

日吉大社で蕎麦を食べ昼食をすますと、車で程なくの距離にある西教寺へ向かいました。

この辺りは「坂本」という地名で、戦国時代には明智光秀が居城を構えていました。そして、この西教寺にはその光秀の墓（C-1）があります。光秀を主人公にした大河ドラマ『**麒麟がくる**』放送中なのもあり、結構な参拝客が来ていました。が、今回の取材の目的は、それではありません。

西教寺では山間の斜面一面が一般の墓所に使われており、そこからは琵琶湖が一望

C-1

C-2

できるという素晴らしい景観[C-2]にあります。ここが時代劇の撮影でよく使われるのです。といっても、琵琶湖が映り込んでしまうと「江戸の景色」ではなくなってしまいますので、そこを隠しつつ「山間の墓所」[C-3]のシーンが撮られることになります。

特に印象深い使われ方をしたのは、映画**『女殺油地獄』**(一九九二年、五社英雄監督)です。舞台は大阪。油問屋の青年(堤真一)が馴染みの人妻(樋口可南子)に駆け落ちを持ちかける、物語終盤のシーンがここで撮られています。このとき、カメラは二人を望遠で撮っています。そうすることで、麓にある本堂の屋根が壁のように画面の背景を埋め尽くすように映し出されること

C-3

C-4

に。手前に無数の墓石、背後に無数の屋根瓦C-4。そこに挟まれた男女。そうした空間の圧迫感が、これから始まる悲劇に向けての不穏な予感を伝えていました。

それから、その前に二人が石段を駆けあがっていくシーンがあり、両脇の白壁が段々C-5になっているのが印象的ですが、それは光秀の墓の裏手にあります。

なお、帰り路で一匹の猫C-6に出くわしました。来間さんがカメラを向けたところ、全く動じる気配はありません。それどころか、来間さんがアングルを動かす度に、次々とポーズを変えていくのです。

さすが時代劇の聖地。猫もまた撮られ慣れていました。

C-5

C-6

九日目

二〇二〇年十月十三日

彦根城→西の湖（舟下り）→

八幡堀→西の湖（陸側）

十二日は西教寺から琵琶湖大橋を渡り、琵琶湖の東岸へ。翌日の撮影に備えて夕方の西の湖でロケハンをし（後述）、それから彦根に入って一泊しました。そして、早朝から彦根城の取材に臨みます。

彦根城　（A）

日本有数の名城として知られる彦根城ですが、時代劇においては「彦根城」として出てくることはそう多くはありません。京都の近くにある現存天守[A-1]であるため使い勝手がよく、さまざまな城の天守閣に見立てられてきました。「江戸城」として頻出していますが、他にもたとえば「忠臣蔵」ものでは赤穂城として、またテレビシリーズ『**信長のシェフ**』（二〇一三年、テレビ朝日）では「岐阜城」といったテロップが入れられていました。また、テレビスペシャル『**白虎隊**』（一九八六年、日本テレビ）では訓練をする会津藩の白虎隊士の若者たちの背後に会津鶴ヶ城として映し出されていました。

A-1

撮影でよく使われるのは、まずは佐和口多聞櫓。ここは大きな堀があり、石垣に櫓、その間に大きな道[A-2]があるため、登城・下城の場面に最適です。

『白虎隊』では会津鶴ヶ城に新選組などの旧幕府方の敗残兵たちの軍勢が入城する場面などで数多く登場した他、映画『**武士の一分**』（二〇〇六年、山田洋次監督）では主人公（木村拓哉）の登城・下城時に何度も使われていました。

ただ、実際に行ってみると、なんとその道は舗装された車道[A-3]。乗用車がバンバン通り抜けています。そう感じさせないように撮るのが時代劇のトリックなのです。

A-2

A-3

A-4

それから天秤櫓《てんびんやぐら》。ここは櫓門に大きな木の橋がかかっているのが特徴的で、しかも橋の下や正面からその全景をさまざまなアングルから撮る[A-4, A-5, A-6]ることができる。そのため、登城シーンはもちろん、大名行列や軍勢や早馬など、人間が行き交うシーンを撮るのに最適です。また、テレビシリーズ『**服部半蔵　影の軍団**』（一九八〇年、関西テレビ）のオープニングでは忍者たちが石垣に張り付いたり、橋の上を走ったりという映像が撮られていました。

A-5

A-6

A-7

天守の脇を抜けると西の丸三重櫓[A-7]に行き着きます。ここは、江戸城の御金蔵として出てくることが多い。ただ、真後ろが琵琶湖という抜群の景観なため、時代劇の撮影ではそこを映さないようにする必要があり、撮れるアングルは限られてきます。

そして城を下りた先にあるのが玄宮園。彦根藩主の庭園です。大きな池、そこにかかる橋、手入れの行き届いた庭木、そしていくつも立ち並ぶ離れの数々。この壮大にして華麗な庭園[A-8]、時代劇ファンなら「おっ！」となるはずです。そう、**『暴れん坊将軍』**の江戸城本丸御殿の庭園です。この橋の上から池を眺めれば[A-9]、気分はもう「上様」。浸れます。

A-8

A-9

西の湖（舟下り）（B）

彦根を出ると南下、近江八幡に向かいました。「西の湖」に行くためです。

西の湖とは琵琶湖の内湖の一つで、葦が群生する間を水路が張り巡らされているという天然の水郷[B-1]。ラムサール条約で湿地登録エリアにも指定されて景観が保護されています。

幾多の時代劇で使われてきましたが、特に印象深いのは**『剣客商売』**です。劇中の主人公の秋山小兵衛は鐘《かね》ヶ《が》淵《ふち》の隠居宅から大川を舟に乗って江戸の街に出ます。その際の撮影に使われるのが、この西の湖です。黄金色に彩られた葦の間を小舟に揺られながら心地よさそうにしている小兵衛——という画は、『剣客商売』のキービジュアルともいえる象徴的な場面です。それが、ここで撮られたのです。

次に紹介する八幡堀の掘割と合わせることで、「草深い江戸の外れ」から「都市としての江戸」への舟での空間移動を表現することができ、原作者・池波正太郎が描こうとした「水上交通都市としての江戸」をそのままにビジュアル化することになりました。

さて、この西の湖周辺では観光用に手漕ぎ舟での舟下り[B-2]が行われており、秋山小兵衛の

B-1

B-2

B-3

気分[B-3]に浸ることができます。周辺の業者はいくつかありますが、今回は「まるやま」さんにお世話になりました。葦と水の織り成す光景[B-4]を眺めていると、そこは完全に外界と隔絶されたファンタジーの世界。憂き世の嫌なことは全て吹き飛びます。

　この水郷は天然の景観が素晴らしいだけではありません。いくつかの橋がかかっており[B-5]、たとえば『**鬼平犯科帳**』第一シリーズ第二話「本所・櫻屋敷」では、若き日の平蔵の回想シーンに登場。初恋の女性が舟に乗って嫁いでいくのを平蔵が橋の上から見送る――という場面が撮られています。

B-4

B-5

しばらく舟に揺られて夢見心地でいると、船頭さんから「この辺は西の湖でも唯一足がつくところ[B-6]でして。時代劇のアクションシーンなんかも撮っていましたよ」との聞き捨てならない説明が――。

あれはここで撮られたのか――！

思わず興奮してしまいました。「あれ」とは、映画『**十兵衛暗殺剣**』（一九六四年、倉田準二監督）のこと。この映画は、どこにも見立てない「西の湖そのもの」を舞台に、柳生十兵衛（近衛十四郎）と琵琶湖の湖賊（海賊の湖版）との死闘が描かれます。その終盤、十兵衛はこの湿地帯を利用してランボーさながらのゲリラ戦を展開するのですが、「この辺だけが足がつく」ということは、あの闘いはここで撮られていた――ということです。

西の湖、情緒だけの場所ではな[B-7]いのです。

B-6

B-7

八幡堀 (C)

『剣客商売』のキービジュアルが西の湖なら、『鬼平犯科帳』のキービジュアルは、この八幡堀になります。石垣で護岸された掘割と、そこにかかる石の橋。そして、疎水のほとりにつくられた石畳の道。その岸辺に立ち並ぶ昔ながらの民家や蔵の数々。C-1 安土桃山時代から守られてきたこの景観は、池波の描く「水路の張り巡らされた都市としての江戸」そのものといえます。平蔵がここを歩くだけで、そのカットはたまらない江戸情緒を放つ。なので、ここに来たらまずオススメしたいのは、岸の石畳の道を平蔵気分で歩くこと。C-2

時代劇での撮影ポイントは、白雲橋の周辺と明治橋の周辺の二カ所になります。

白雲橋は、両端に大きな灯籠が建っているのが特徴的な石の橋。石垣を入れつつ、上下南北、さまざまなアングルから撮られ、芝居場がなくとも「ここは江戸の都市部です」という場所説明をするだけの短いカットでも使われています。『鬼平犯科帳』のエンディング映像の一つでもあり、引いた位置から橋の向こう側まで映るアングルで撮られています。実際のエンディング映像では橋の下を舟が通っていくのですが、今回の撮影でもまさ

C-1

C-2

C-4

C-4

C-6

C-5

にそのタイミングで遊覧の舟が橋の下を通り過ぎ[C-3]ていき、本物に近い画を撮ることができました。

明治橋[C-4]は、手前の石畳の道幅が広い[C-5]のが特徴で、そのため石段を合わせて乱闘シーンを撮ることができます。そして、白雲橋方向と反対側には船着き場[C-6]があり、ここでも荷下ろしのシーンなどが撮られたりします。

西の湖（陸側）（D）

この前日、西教寺の取材を終えて琵琶湖大橋を渡った段階で、まだ陽は落ちていませんでした。あとは彦根のホテルに入るだけでしたので、陽のあるうちに西の湖に行っておこうということになりました。

本格的な撮影は翌日のラストの予定でしたが、なにせ広範囲。私も、『**剣客商売**』のクルーに同行した際は、橋の上から船上の撮影の様子を見学しているだけでしたから、地理感が全く分かりません。なので、撮影ポイントにちゃんとたどり着けるか自信がなかったのです。それなら、せっかく時間も余っているのでロケハンしておこうということになりました。

幸いにも、西の湖に着いたのは夕暮れ時でした。西の湖には車道に面したエリアもあり、そこから美しい夕景を撮ることができています。[D-1]

それから、陽のあるかぎり一帯をロケハンしつつ撮影して回りました。どうしても『剣客商売』の現場取材時に訪れた、橋に行きたかったのです。舟上のシーンを撮影する間、撮影に直接関わらない面々は橋の上で待機します。そこから見た葦と水のパノラマを一望できる光景がどうしても忘れられず、写真に収めておきたかったのです。

ただ、その橋がどれなのか分からない。簡単に見つかると思い、事前に松竹のスタッフに聞いておかなかった私のミスです。

「今度はあの角を回ってみましょう」「あの橋、まだ渡っていないんじゃないですかね」

そんな私の勝手な発言に振り回されながら、編集の三島さんの運転する車は同じ場所を何度も何度も回ったりもしています。

この日は最後まで、あの橋がどこなのかは分かりませんでしたが、そうやって動き回っているうちに、[D-2]「西の湖」周辺のさまざまな絶景を撮ることができました。

さて、結論からいうと、目的とする橋は分かりました。ヒントとなったのは、舟に乗せ

D-1

D-2

てくださった船頭さんの言葉です。

「見映えが悪くなるので、時代劇の撮影のときは岸に生えている葦や木々の一部は撮りやすいように刈り込んでいる」

その言葉を聞いて、ピンときました。そもそも、多くのスタッフやキャストを乗せた車が何台も停まり、待機する。そんなことのできる橋は一つしかありません。遊歩道のある「西の湖園地」に入る手前にかかっている橋です。

ここは、実は前日のロケハンで何度も通っていました。でも、そこから見える光景は全く違っていました。あのパノラマの広がりがないのです。なので、ここではない——と外していたのです。でも、船頭さんの言葉を聞いて分かりました。木々が鬱蒼としていたため、展望がきかず、まるで別の景色に見えていた[D-3]——のだと。

無事に解決すると、園地の遊歩道をグルリと回り、浮島の間を結ぶ橋の上に立ちました。ここからは水郷が一望できます。西陽を受けて煌めく水[D-4]面の上を行き交う舟たちを眺めていると、あの舟には小兵衛が——いや、藤田まこと自身が今も乗っているのではないか。そんな錯覚に囚われたりもしました。

D-3

D-4

十日目

二〇二〇年十月十九日

今宮神社↓谷山林道↓沢ノ池

この日は、ひたすら難所を巡る取材となりました。道なき道を普通のセダン車で突き進む、編集の三島さんの運転技術に感服する一日でした。

今宮神社 （A）

難所巡りの前に立ち寄ったのは、今宮神社。すでに参道の撮影はしていますが、次は境内です。この境内も、時代劇にはよく出てきます。

平安遷都以前から疫神を祀る社があったといわれるだけあり、一つ一つの建物、そして空間に厳かな趣が漂います。まず、参道から入って行き当たる東門。両脇に白壁を擁する楚々とした門[A-1]は、非日常性というよりは「日常空間にある神社」としての趣があり、「ちょっと神社に立ち寄る」といった場面で使われます。一方で、この東門を境内側から見ると、入ってすぐのところに疎水が流れていて、そこに元禄からの遺構という小さな石橋がかかっています。これを渡って境内に入る――という画が動きにアクセントを与え、空間に情緒をもたらせることになります。

昔ながらの質感を残す疫社や拝殿も背景として使われますが、印象的なのは稲荷社で

A-1

A-2

す。これを木々の間から撮り、人物たちが歩く背景に映り込ませる[A-2]と、朱色の玉垣と古びた石垣とが程よい質感となり、大きくアピールする画を入れなくとも「神社の境内を歩いている」ということが自然と伝わってくる。

京都の神社で撮ると「特別な空間」として映ってしまいかねないですが、画面に日常性が必要なときもあります。そういう画を撮りたいときに、ありがたい存在なのです。

この今宮神社で旅の安全を祈願し、難所の取材に向かうことになります。

谷山林道（B）

周山街道を神護寺方面へ少し北上した辺りから入っていくと、山深い林道に行き着きます。通称「谷山林道」。時代劇に出てくる峠や峠道の大半は、ここで撮られています。最近でもNHK版『**十三人の刺客**』（二〇二〇年、BSプレミアム）での中山道《なかせんどう》のシーンは、大半がここで撮られていました。

さまざまな時代劇で使われている林道なのでアクセスは悪くないだろう——そう考えていましたが、狭く急な峠道がどこまでも続きます。ヘアピンカーブも、当たり前のように

B-1

連続する。三島さんの運転テクニックがなければ、命すら危うかったことだと思います。

そう考えると、スタッフ・キャストに機材も載せてロケ車でここを登り続ける、撮影所のドライバーたちは凄い。ひょっとしたら、我々が難所コースから入っただけかもしれませんが――。

無事に着けるかの不安を抱えつつ一時間ほどスリリングな峠道を登り、たどり着いたのが「頂上」と呼ばれる一帯です。

ここは林道を車で登り切ったところ。普段は車を何台も停められる、開けたスペースになっています。そして、高くそびえる木[B-1]が画に良いアクセントを与えてくれる。

その眼前に広がる山々のパノラマ[B-2]の前に茶店のセットを建てれば、あっという間に江戸時代の街道筋の峠にしか見えなくなります。

さらに、この「頂上」から愛宕《あたご》神社に向かって尾根伝いに少し歩くと、景観を見渡せる峠道[B-3]が。「頂上」が平たんな場所なのに対し、ここは坂道なので、見晴らしの良さも含め、ここを歩くカットがほんの数秒挿入されるだけで「峠を越えて次の場所へ行く」という感じが出やすくなるのです。

『水戸黄門』の一行が毎回のように新たな旅先に想いを馳せ、**『素浪人花山大吉』**で大吉（近衛十四郎）が悪漢たちを叩き斬り、**『必殺仕置人』**最終回で念仏の鉄（山崎努）が仲間と離れて江戸を後にし、**『鬼平犯科帳』**第一シリーズ第四話「血頭の丹兵衛」で密偵として働く決意をした粂八（蟹江敬三）が平蔵を追って駆けていった――そんな、数々の名場面の舞台となった「峠」は、全てこの「頂上」付近で撮られました。

他にも、撮影ポイントは多々あります。が、なにせ山の中です。迷ったりすれば遭難の危険がありますし、そもそもどうすればその撮影ポイントに行けるかも分かりません。そこで、事前に東映京都撮影所の製作部にいたスタッフさんに当地のマップ（一一頁）を作ってもらい、それを頼りに動くことにしました。

B-2

B-3

B-4

「S字」[B-4]「二股」[B-5]と呼ばれる峠道、それから一本道の坂[B-6]、などは全て同じメインの沿道にあったのですぐに見つかりましたが、大変だったのは「切通《きりとおし》」です。

両側を土がむき出しの切通になっている道は、忍者による襲撃シーンなど、時代劇ではお馴染みの、そしてこの谷山林道の象徴的な場所といえます。それが全く見つからない。

諦めることも考えましたが、やはりせっかく谷山林道に来たのに、ここを撮らずに帰ってしまっては読者も納得しないだろう。そう考え、必死に探しました。

B-5

B-6

そして、ようやく見つかりました。

切通には木々が生い茂り、暗部も道はガタガタで倒木がふさいでいる。そんな状況のため、なかなか見つけることができなかったのです。倒木をかきわけ、撮影スポット[B-7]へ。来間さんには倒木の間からカメラを構えてもらい、ようやくそれっぽい[B-8]画を撮ることができました。

実際の時代劇を観ますと、切通の斜面はもっとすっきりしており、奥への見通しが効くのですが、今回は残念ながら荒れた感じになっていました。

そして、帰りはまたあの難所を戻りました。三島さん、大変な運転だったことと思います。ただ、三島さんのこの日の苦労は、これで終わりとはなりませんでした——。

B-7

B-8

沢ノ池 （C）

山奥にある幻想的な池で、その畔を中心に枯れた風景が使われてきました。特に藤田まこと版の『**剣客商売**』第二シリーズ第九話「隠れ蓑」の冒頭が印象的で、冬の大川端という設定で、小兵衛と老いた盲目の浪人（日下武史）が心を寄せ合う場面が撮られています。枯れた寒々しい光景が、老境のわびしさを映し出していました。これを撮った井上昭監督はこの沢ノ池が大好きで、よくここで撮影をしています。

普段はキャンプ場でもあるようなので、そう難しくなく行けるだろう。そう思っていました。が――。結論からいうと、たどり着くことはできませんでした。

谷山林道を越える、さらなる悪路が待ち受けていたのです。しかも雨がポツポツと……。さすがの三島さんの心も折れて、撤退を決意しました。

と、そんなとき、進行方向から一台の車が向かってきたのです。よく見ると、Googleストリートビューの撮影車でした。こんなところまで来ているのか。驚きました。この辺りのGoogleストリートビューの写真には、心の折れた我々の姿が映っているかもしれません。

十一日目

二〇二〇年十二月二日

美山↓摩気

取材も最後の二日間となりました。

この日の取材は、京都は京都でも、これまでの山城国ではなく北西部の丹波国です。山がちだったり、広い農村風景が広がるこの一帯は、武蔵野や上州・甲州・信州などの場面が撮られてきました。その雄大で乾いた景色に、ピッタリなのです。それならば、乾いた空気感が出る季節に撮影するのが良いだろうと判断し、この時期に取材することにしました。おかげで、かなり寒い中での取材となりました――。

美山（A）

周山街道を越えて、一気に北上していくと美山の「かやぶきの里」に着きます。ここはその名の通り、茅葺《かやぶき》屋根の民家が軒を連ねる集落になっており、時代劇でも田舎の農村シーンでよく使われてきました。

が、今回行ってみて愕然《がくぜん》としました。集落のかなりの箇所、しかも遠景で撮ったときに目立つ位置に――時代劇スタッフ用語でいうところの「現代が映り込む」――つまり、今の造りの民家が建っているのです。かつてよく使われていた農村のロングショットは、も

A-1

う撮れないんだな——と、しみじみ思ってしまいました。

ただ、それでも集落に足を踏み入れてみると、一軒一軒は手入れの行き届いた素晴らしい茅葺屋根の民家[A-1]ばかり。まだ残っていた紅葉との相性[A-2]も抜群でした。

この美山には、もう一カ所撮影スポットがあります。それが、「かやぶきの里」から車で十五分ほど離れたところにある美山郷土資料館[A-3]です。かやぶき美術館と並んで建っているのですが、こちらの方が「現代」がない。かなり大きな茅葺屋根の民家で、庄屋の屋敷や地方の大名家につかえる侍の屋敷として使われています。テレビスペシャル『**果し合い**』（二〇一五年、時代劇専門チャンネル）では、この奥の空いたスペースにも茅葺屋根の民家のセットを建て、資料館と合わせて「母屋と離れ」として撮影されています。

A-2

A-3

摩気

(B)

美山から車を西へ走らせ、向かった先は摩気《まけ》です。丹波の山々に抱かれた田園風景が広がるこの一帯は、先に述べましたように武蔵野・上州・甲州・信州のシーンが撮られてきました。

まずご紹介したいのは、バス停「摩気神社前」です。このバス停の近くには、時代劇ファンにはたまらない光景があるのです。それは、田んぼの向こう側に蔵と板塀に囲まれた民家が見える[B-1]――という景色。さまざまな作品で、この民家のロングショットは使われてきました。稲を刈り取った後はテレビシリーズ『**木枯し紋次郎**』(一九七二年、フジテレビ)の冬枯れの上州路。稲が青々と茂っているときは、富豪や庄屋の邸宅。

たとえば『**鬼平犯科帳**』では平蔵の叔父・三沢仙右衛門の屋敷と説明されることがありました。また、同じく『鬼平』第二シリーズ第一二話「雨乞い庄右衛門」の冒頭では、老いた盗賊(田村高廣)がこの光景を眺めながら穏やかな暮らしに想いを馳せていました。

これがバス通りに面しているというのは驚きです。現在は周囲に「現代」の家屋[B-2]も建っ

B-1

B-2

ているので以前ほど自由なアングルから撮ることはできなくなりましたが、今でも往時の姿を残し続けるこの民家には頭が下がります。

この民家の前を抜けていくと、川が流れており、そこに大きな橋がかかっています。これが摩気橋。

民家の対岸から橋の全景を撮った景色[B-3, B-4]が『鬼平犯科帳』のエンディング映像で使われています。当時は細い木製の柱でしたが、今はごつい石の橋につくり替えられており、見た目はかなり変わっています。

ただ、これでついに『鬼平犯科帳』エンディング映像を全てコンプリートできたことは確かです。それぞれが、どこでどう撮ったのかは後ほど特集コーナーにて改めてまとめておきます。

B-3

B-4

摩気橋を渡った先にあるのが、摩氣神社です。ここに関しては、全てにおいて「いい感じに古びている」というのが大きな特徴です。神門[B-5]、絵馬舎[B-6]、拝殿[B-7]、板塀[B-8]——なにもかもが、新しく修復した「現代」の感じが全くなく、長い年月を経た、時の蓄積を感じさせるたたずまいになっている。この質感を背景にすることで、そのシーンが「江戸の郊外」だとすぐに分かるようになっています。江戸だけではありません。楼門から参道にかけては映画『**壬生義士伝**』で南部藩の村祭りの場面で使われ、当時の「田舎」ならではの風情を感じさせてくれています。また、拝殿の中は独特の木の組み[B-9]方がしてあり、その特異な空間を使って盗賊たちの密談シーンなどが撮られてきました。

『**鬼平犯科帳**』第九シリーズ第二話「一寸の虫」では、五郎蔵（綿引勝彦）とおまさ（梶芽衣子）の密談シーンが撮られました。実はこのシーン、後のスペシャル版では伏見稲荷大社の千本鳥居で撮られています。片や茅葺の侘びた風情、片や朱色に囲まれた壮麗な風情。そのため、映像から受け取る印象は全く変わってきます。同じ場面でも、監督によって狙いが異なり、それによってロケ地のチョイスも変わってくる。

これだけの景色が、高速道路を使えば撮影所から一時間で着く。そのため、摩気で早朝に撮影をしたら、午後からは撮影所でまた別のシーンを撮れる。これぞ、京都なのです。

B-5

B-6

B-9

B-7

B-8

十二日目

二〇二〇年十二月三日

広沢池↓中之島の中州↓
西寿寺↓化野念仏寺↓
東映太秦映画村↓車折神社

半年間、断続的に進めてきた「時代劇聖地巡礼」の旅も、これが最終日。この日は、このタイミングまでわざわざ残しておいた場所と、その周辺を巡ることにしました。

冬の広沢池＆中之島（A）

まず、訪れたのは広沢池です。すでに訪ねてはいますが、実は冬になると景色が全く変わります。といいますのも、十二月になると広沢池では水抜きが行われるのです。そのため、あれだけ豊かに水を湛《たた》えていた池が干潟のようになります[A-1]。

その景色は時代劇では干潟はもちろん、沼地や海浜としても使われることになるのです。しかも、泥の中にいる魚を求めて水鳥も飛来する[A-2]。そうした光景もカメラに押さえておく必要があると考え、改めて訪ねることにしました。

ちょうどこの日は水鳥が多く飛来しており、池の周囲では多くの人々がカメラを構えていました。

A-1

A-2

A-3

A-4

そして、次は嵐山の中之島。ここもすでに橋の撮影のために何度か訪れてはいますが、今度は橋ではなくその中州です。桂川に挟まれたこの中州は、岸は砂利でできていて、その周囲にはススキが茂っています。この岸は土左衛門が打ちあがっての検死の場になったり、ススキ越しに川面を撮って寂寥感[A-3]を表現したり——という画が撮られたりします。その情感を撮るには冬枯れの季節が良いだろうと考え、このタイミングを待ちました。印象的な使われ方をしたのは、テレビシリーズ『**弐十手物語**』（一九八四年、フジテレビ）の第三話のラスト。愛する者を死なせた主人公・鶴次郎（泉谷しげる）がたたずむのですが、夕暮れに煌《きら》めく川面と黄金色のススキ、そしてポツンとたたずむ小さなシルエットが、この場所ならではの哀《かな》しさを伝えていました。

ここから一望できる渡月橋の壮観[A-4]も、時代劇では時おり使われるカットです。

B-1

西寿寺（B）

嵐山から周辺街道を高雄方面へ――という今回の取材で何度も通ったルートを少しだけ進んだところにあるのが、この西寿《さいじゅ》寺です。ここは、石段と山門がよく使われます。

ここまで紹介してきました寺の山門と石段はいずれも、スケールの大きなものでした。が、ひっそりと侘びたような、そんな寺が内容によっては必要です。

西寿寺は木を組んだだけの楚々としたたたずまいの門[B-1, B-2]と細めの石段[B-3]。その上に構える二層のお堂[B-4]。実際に尼寺だからこそのシンプルな質感が、現世から逃れて山深くの

B-2

B-3

寺に隠れ住む――という設定の時代劇によく合います。

それだけに、テレビシリーズ『**暗闇仕留人**』（一九七四年、朝日放送）や映画『**女獄門帖 引き裂かれた尼僧**』（一九七七年、牧口雄二監督）など、そのまま尼寺の設定で使われることが多いです。特に「引き裂かれた～」は、この山門が効果的に使われていて、それまで現世で悲惨な目に遭い続けてきた女性がようやくたどり着いた救いの地として、山門の質素な風情が彼女を優しく包み込んでいるように映っていました。

忘れがたいのが、テレビシリーズ『**必殺仕置屋稼業**』第一九話「一筆啓上 業苦が見えた」（一九七五年、朝日放送）。ここでは秩父の山寺に見立てられていて、中村主水は谷山林道を越えてこの寺へ。そこにかつての剣友・全覚（佐藤慶）が。全覚と決着をつけるべく、主水は石段を登る。そして、ついてきた相棒の印玄（新《あたらし》克利）に振り返り、「印玄、頼むぞ！」と、全覚の手下との対決を頼む。この場面が、たまらなくかっこよかった。

そこで、せっかくなので私も同じ場所で再現[B-5]しました。こうやって、実際の作品と同じ場、同じアングルで同じポーズをとる。これぞ聖地巡礼の最大の醍醐味。アニメファンにとって「階段からの振り返り」の「聖地」といえば『**君の名は。**』の階段になりますが、時代劇ファンにとっての「階段からの振り返り」の「聖地」は、この西寿寺なのです。

B-4

B-5

化野念仏寺（C）

西寿寺から車で十分ほどのところにあるのが、化野《あだしの》念仏寺です。

化野念仏寺といえば、なんといっても「西院の河原」と呼ばれる一帯です。八〇〇〇体あるといわれる石仏群は「圧巻」の一言に尽きます。辺り一面を埋め尽くす[C-1, C-2]その様は画面でも迫力満点の映え方。そのため、数多くの時代劇でロケ地に使われてきました。たいていは、不気味さや不穏さを伝えるシーンになっています。

今回の取材時は、まだ紅葉が残っていたため、石仏のグレーと紅葉の赤[C-3]とが抜群のグラデーションを見せてくれていました。ただ、来間カメラマンが美しい写真を撮っている間、私はそこに目もくれず、ある場所を探していました。そこもまた、『必殺』シリーズの「聖地」なのです。

『**暗闇仕留人**』第一三話「自滅して候」の最後の対決の場面が、この化野念仏寺で撮られました。その際、頭突きを必殺技とする敵・昌《しょう》軒《けん》（山本學）は仕留人の大吉（近藤洋介）に向かって全力で走りながら、頭から突っ込んでいきます。

C-1

C-2

C-3

C-4

その、昌軒が走った道を探していたのです。生垣と石垣に挟まれた、かなり特徴的な道なのですぐに見つかりました。

残念ながら、この道は関係者以外立ち入り禁止となっていますので、今回はその道を出たところ、まさに昌軒が頭から突っ込んだ場所で昌軒と同じポーズをしてみました。[C-4]

映画村（D）

時代劇聖地巡礼の旅も、いよいよ最終盤となります。

そして、ここでようやくやって来ました——東映太秦映画村！　なお、この情報は取材時のものです。その後に状況が変わっている可能性もありますので、あらかじめ御了承くださいませ。

この映画村は、江戸の街並みを撮影するために東映京都撮影所内に作られた時代劇のオープンセット群[D-1, D-2, D-3, D-4]です。広大な敷地に、商家、長屋、蔵などが数多く建てられています。土の道の路地もある。一九五〇年代は映画、六〇年代、七〇年代はテレビで、時代劇を量産してきた東映にとって、この恒久のオープンセットは強い武器でした。

が、七〇年代以降、製作本数は激減、京都撮影所の存在意義すら問われる状況になります。それを打開するウルトラCの策として、オープンセットを開放して有料で一般客が入れるようにしたのです。それが「映画村」です。時代劇の撮影現場が見られるとあって、人気は沸騰し、起死回生となりました。

D-1

D-2

D-3

D-4

D-5

その後、アミューズメント施設なども建設させていったことで、修学旅行生や家族連れで賑わう、京都を代表する観光スポットになります。時代劇製作が壊滅的となっている現状では、ここを訪れる人は「撮影現場」ということを知らない人すらいるのではないでしょうか。が、本書は「時代劇聖地巡礼」。「時代劇の聖地」という視点から映画村をとらえていきます。

これまで何度も映画村には来ているのですが、全て撮影現場の取材のためです。そのため、意識は「映画村」ではなく「東映京都撮影所のオープンセット」でした。映画村の入り口から入ったことはなく、いつも撮影所の通用門から来ていました。D-5

D-6

D-7

今回は、映画村の正面入り口D-6から入り、一般の観光客と同じ動線で動くことに。すると、何度も来ているはずなのに、さまざまな新鮮な刺激に出会うことができたのです。

まず、映画村の入り口と併設するように巨大な門が建っています。これが通称「東映城」D-7。初代は六〇年代に取り壊されましたが、映画『**柳生一族の陰謀**』（一九七八年、深作欣二監督）の撮影のために再建、映画村の象徴的な建物になっています。

玄関口から中に入ると、たくさんのプリキュアがお出迎え。案内図はエヴァンゲリオンとコラボ——と、アニメばかり。「時代劇じゃないんかい！」と突っ込みたくなりました。入って少しすると、『**水戸黄門**』の看板が出ている土産店が。映画村には土産店は数多くありますが、時代劇関連グッズがあるのは、実はここだけです（※現在は移転縮少）。他には忍者や侍グッズなどはありますが、特定の作品に関してのものではありません。

ここに売っているグッズは『水戸黄門』と『**暴れん坊将軍**』関連が主でした。『水戸黄門』だと、印籠そのものD-8に、印籠キーホルダー、印籠マグネット、それから葵の紋所がプリントされた財布や眼鏡ケースなどです。『暴れん坊将軍』は、松平健のTシャツ、ポストカード、それから京都らしく油とりがみも。好きな人にはたまらないものばかりなので、もう少し大々的に展開しても——と思いつつ、たくさん散財してしまいました。

D-8

D-9

D-10

この日のランチは、「ラーメン　喜らく」で「水戸藩ラーメン」D-9を食べました。日本で最初にラーメンを食したのは水戸黄門だと伝えられることから、それにちなんで作られた一品です。これが意外と――と言ったら失礼かもしれませんが、美味しかった。まろやかだけどコクのある味は京都の名店・新福菜館に似ている気がしました。

注目したいのは、割ばし袋。これが刀の鞘を模しているのです。なので、中から取り出す際は刀を抜くような動きになります。御用提灯を模したマグカップと合わせて、こういうのこそグッズ販売してほしいと思いました。

通りを風切って歩けば侍気分D-10を味わえま

D-11

すし（有料で時代劇の扮装もさせてもらえます）、中村座での殺陣のショー[D-11, D-12, D-13]も楽しい。中村座の入り口には、往年の東映の名作時代劇映画のポスター[D-14]がズラリと並んでいるのも嬉しいです。

他にも、吉原のオープンセット[D-15]もあります。さらに「映画文化館」[D-16]の一階は美空ひばり記念館で、二階はスターだけでなく監督やプロデューサーや脚本家たちの遺品が没年ごとに展示[D-17]されているスペースがあり、映画ファンにはたまらない空間になっています。

――といった具合に「時代劇好きの観光客」として初めて訪れた映画村、なかなかに楽しめました。

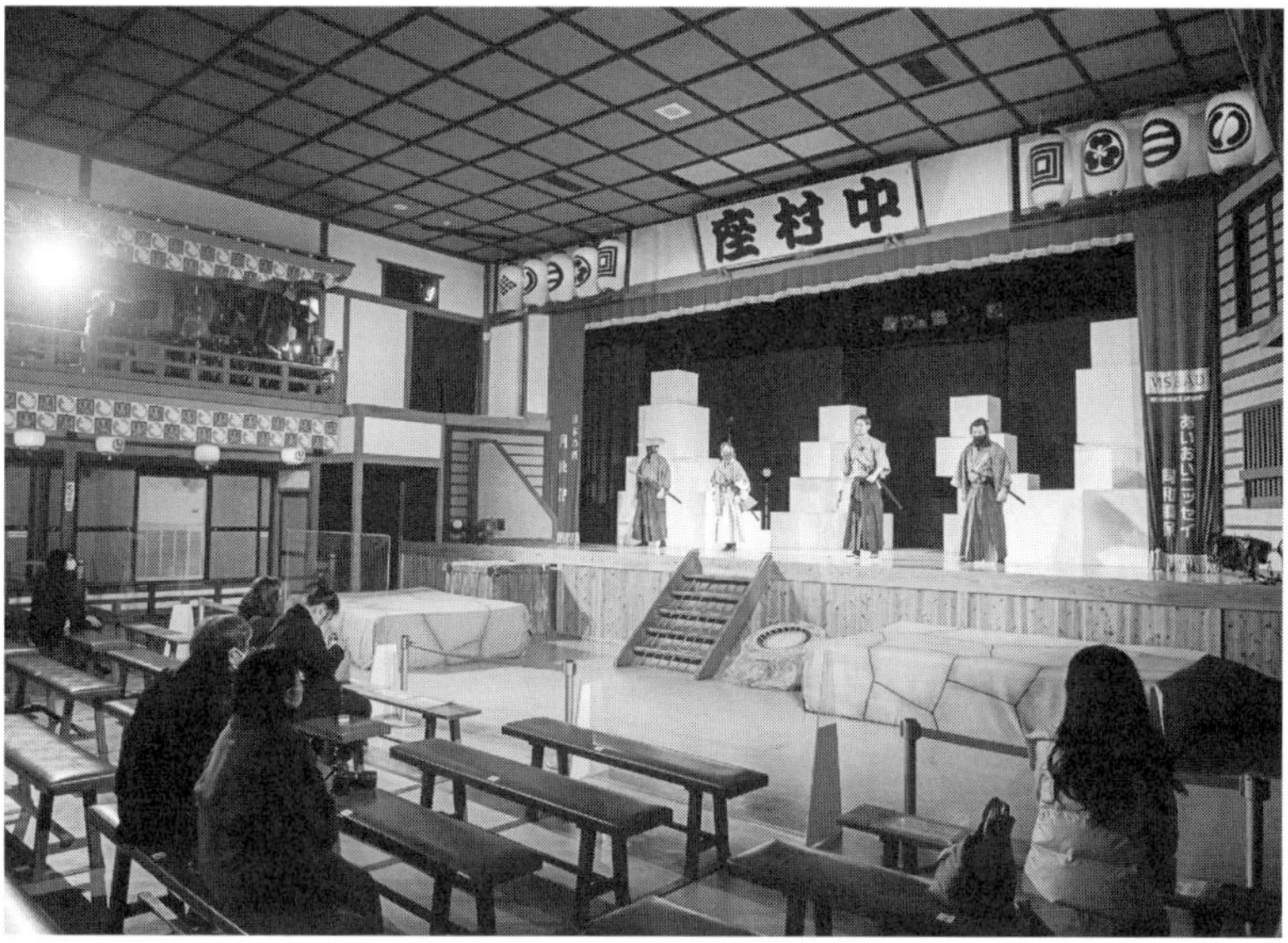

D-12

D-13

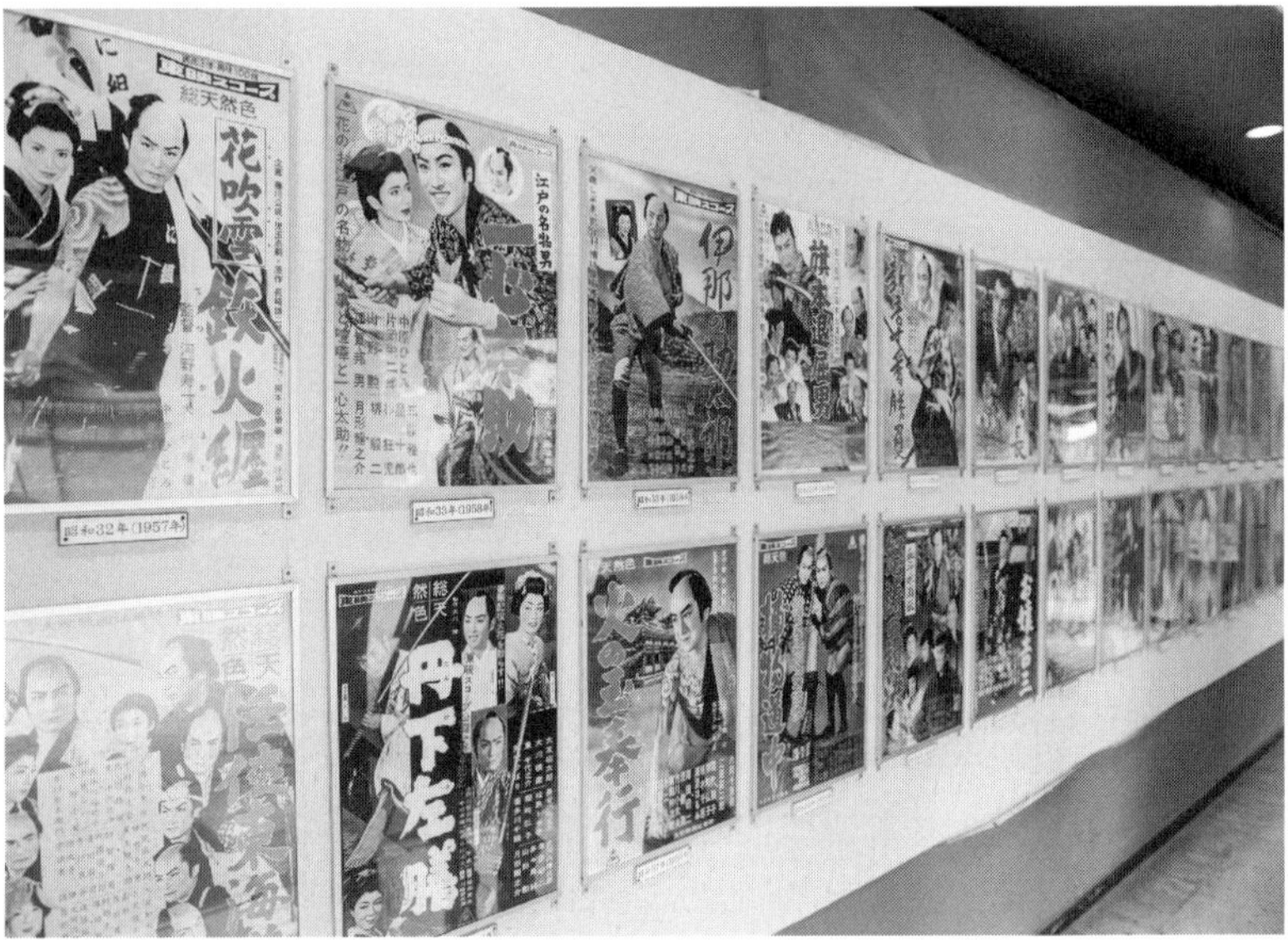
総天然色
花吹雪鉄火纏
昭和32年(1957年)
江戸の名物男
一心太助
昭和33年(1958年)
丹下左膳
火の玉奉行

D-14

三浦屋
三浦屋
立入禁止

D-15

D-16

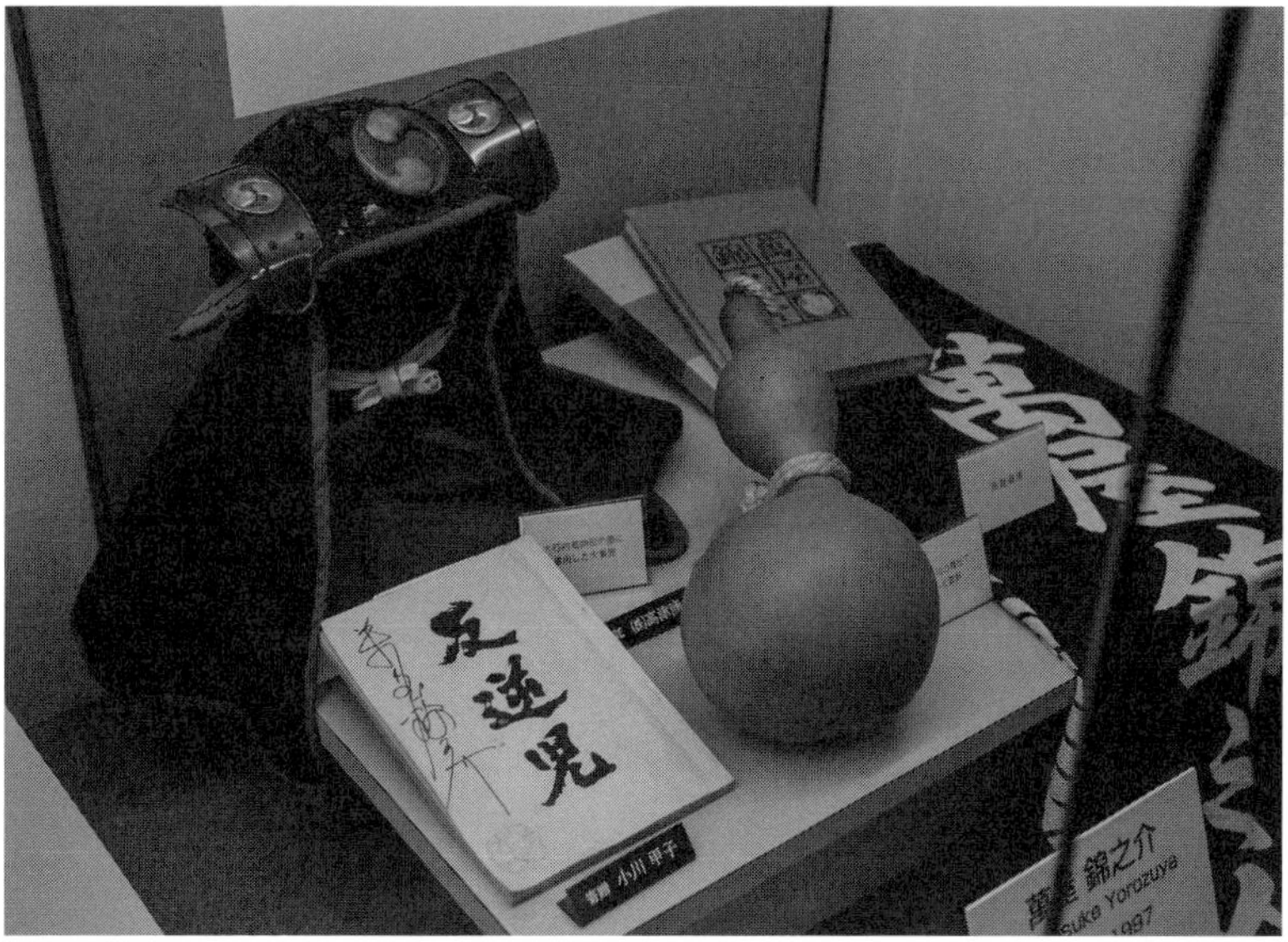

D-17

D-18

映画村に隣接するのが東映京都撮影所。東映京都撮影所は一般の方は立ち入り禁止なのですが、実はその正門の脇に映画村の入り口[D-18]があります。ここから入れば、スタジオも見えますし、撮影に使った小道具・大道具も道すがらに並んでいます[D-19]。

その途中にある「映画図書室」もオススメです。ここには、東映だけでなく数多くの時代劇映画の台本[D-20]が保管されています。しかも、事前予約すればそれを閲覧することもできる。時代劇の台本――しかも、過去の名作の――を目にする機会はそうないでしょうから、ぜひホームページでリストを確認してみてください。私も仕事で活用させてもらうことになりそうです。

D-19

D-20

E-1

車折神社（E）

映画村の取材を終え、「最後の聖地」へと向かいます。それが車折《くるまざき》神社。古くから「芸能の神」として知られてきました。そのため、境内の至るところにさまざまな「芸能人」たちが奉納してきた朱塗り玉垣[E-1]が並んでいます。

撮影の前にはスタッフ・キャストが訪れ、手を合わせる、本当の意味での「聖地」なのです。ここを最後の訪問地に選んだのは、そのためでした。

手を合わせつつ[E-2]全行程の無事な完了を報告、「時代劇聖地巡礼」の旅を終えました。

E-2

特集コーナー　其の一

京都、水の点描

かつて、江戸は水上交通の盛んな都市でした。路地のように細かく水路が張り巡らされ、水の流れが人々の営みに深く関わっていました。

池波正太郎は、その情報を小説『鬼平犯科帳』「狐火」にこう記しています。

「田園の風趣が大川のながれに溶け合い、行き交う舟の船頭が美しい景色にたまりかね、美声をふりしぼっての船唄もおのずから出ようという……」

こうした情感のあふれる世界を映像にできるのは京都しかありません。京都周辺にはさまざまな「水」のバリエーションがあり、それぞれ場面に合わせてそこから選ぶことができる。都会の水路から、人里を離れた水郷、そして山間へ――。そうした水の情景が、時代劇の映像を彩ってきました。

ここでは、そんな景色をまとめてご紹介します。

中ノ島
堰堤から水が滝のように流れるため、川の中や河原で撮影する際はその流れが背景に自然に映り込み、情感を生み出します。ここにかかる太鼓橋と合わせ、橋の往来も撮影。

有栖川
細く入り組んだ、都市の掘割を表現したい時は、ここで撮ります。両側の高く切り立った石垣の背景が、大がかりな捕り物や『必殺』メンバーの出撃や襲撃などに映えます。

ならの小川
掘割ほど都市的な整備はされていないため自然の情感も残しつつ、それでいて護岸も歩道もきちんとあるという抜群のバランスにより、町はずれの疎水にピッタリとハマります。

八幡堀
安土桃山時代から続く掘割の光景は、舟が行き交ったり、岸の石畳の道を人が歩いたり、船着き場で荷下ろしをしたり、水上交通都市としての江戸を表現してくれます。

西の湖

葦が一面に群生する中を水路が入り組む水郷。春～夏は青々しく、秋～冬は黄金に色づき、そこを舟が行き交うことで、都市だけでではない「草深い江戸」が映し出されます。

大沢池

主に中道から撮影され、巧みにトリミングしながら大川端としての映像に仕上げます。対岸の堤や望雲閣を背景に使いつつ、中道が川幅の広い大川の下流～中流の堤になります。

保津川渓谷

水の流れの速さと両岸に迫る緑が山間の渓谷にピッタリ。河原も広いので、長め芝居場も撮れますし、地面の石がゴツゴツと大きいので画面にインパクトももたらせます。

広沢池

対岸の民家や葦の群生、それから小高い山を背景に使うことで、山間に近い田舎の川の感じが出ます。冬は水抜きがされ、干潟に。砂浜や泥田などに見立てることができます。

特集コーナー　其の二

石段の見分け方

時代劇では、さまざまな寺でロケが行われ、その石段が背景として映し出されてきました。しかし、観ていて「あれ、これはどこの石段だろう?」と疑問に思われる方も少なくないかもしれません。

実際、今回の取材で訪れた寺の石段の写真をTwitterにあげたところ、「××寺ですね」というリプライがいくつも来たのですが、それが誤っているというケースが何度もありました。それどころか私自身も、「ここは××のシーンが撮られた○○寺です」とツイートしたところ、「違います。あれが撮られたのは△△寺です」と訂正のリプライをされたことがあります。

そこで、ここでは撮影でよく使われる石段を並べ、その見分け方を解説したいと思います。

4

1

5

2

3

4. 西寿寺　幅が細いので引きの画だとすぐ分かるのですが、寄りの画だとたまに金戒光明寺と混同します。その場合は奥行きがあり敷き詰めた石が紋様に見えるスタート地点がポイント。

5. 二尊院　奥行きのある石段は粟生光明寺とも似ていますが、こちらは少し高さがあるのと石の角が自然の質感になっています。また、石段の先に見えるのが白壁なのはここだけです。

1. 神護寺　一つ一つの段に奥行きがあまりないのと、それぞれの石の角が人工的に整っていなくて自然に削られた荒々しい質感が、山深い情緒を醸し出しています。

2. 粟生光明寺　段差が低い一方で奥行きがあり、幅が広い。それからよく見ると表面にいくつもの石が敷き詰めてあり、紋様のようになっています。本堂に近づくと、また異なる形状の石段も。

3. 金戒光明寺　段差がありながら奥行きのない感じは神護寺に似ていますが、個々の石の角はやや整って統一された形状になっています。本堂の手前にある二本の松も目印になります。

特集コーナー　其の三

『鬼平犯科帳』エンディング映像はここで撮られた！

中村吉右衛門版『鬼平犯科帳』の大きな魅力の一つといえば、やはりそのエンディング映像でしょう。ジプシーキングス「インスピレーション」の哀切な調べに乗って映し出される、四季折々の京都の情景は、ドラマ本編を観終えた余韻にじんわり染み入り、その感動をより豊かなものにしてくれます。

あれと同じ画をこの目で見てみたい。同じアングルから写真を撮ってみたい。——そう思われる方も少なくないことでしょう。

今回の取材では、松竹の撮影所で撮られた「橋の上から花火を眺める」「路地の屋台でそばをすする」を除いた全ての画を、現地で撮ることに成功しました。どこからどう撮ればいいのか、登場順に並べた写真と合わせて春日直筆のマップを掲載します。

1 清凉寺

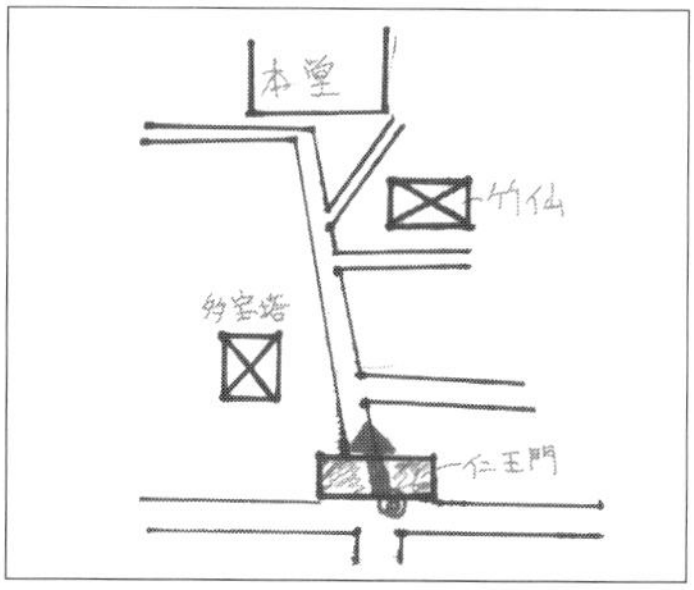

2 仁和寺五重塔

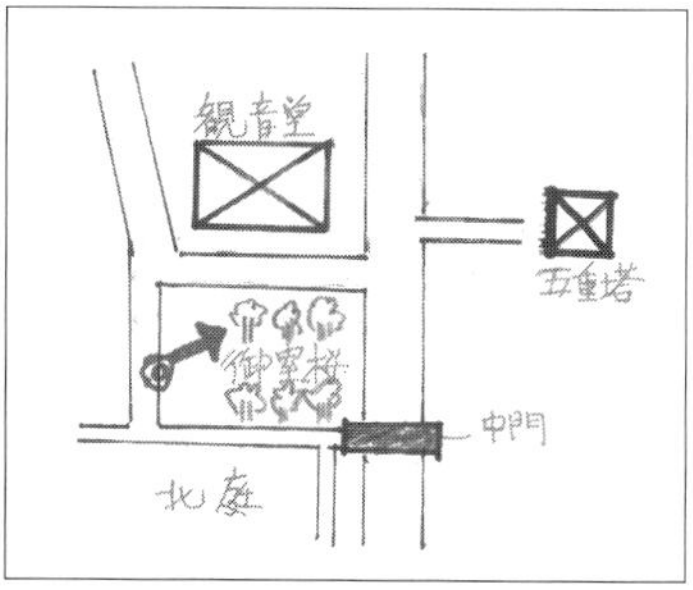

3 八幡堀

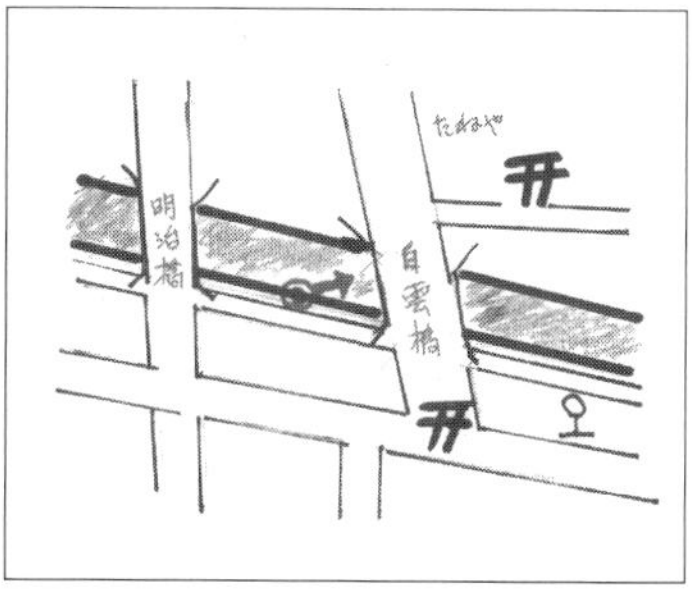

4 大沢池

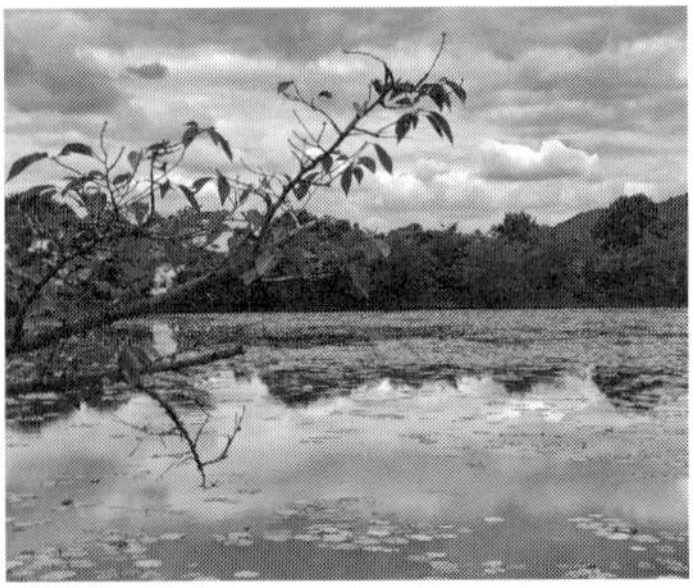

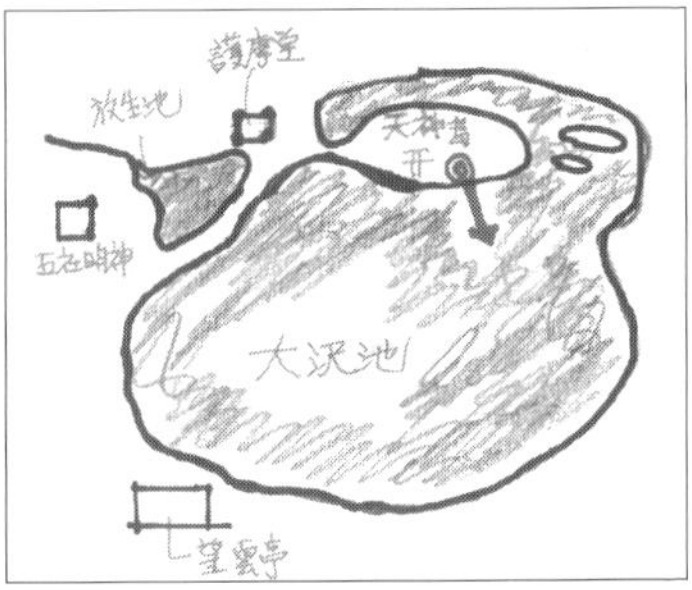

5 梅宮大社

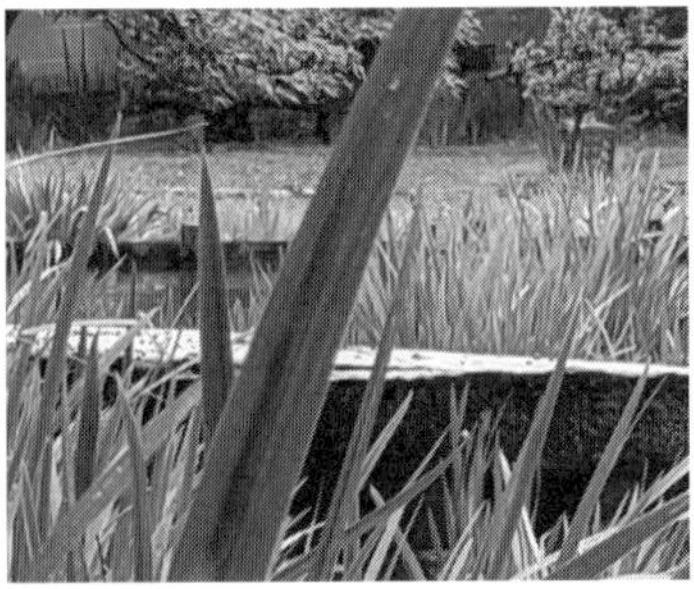

6 摩気橋

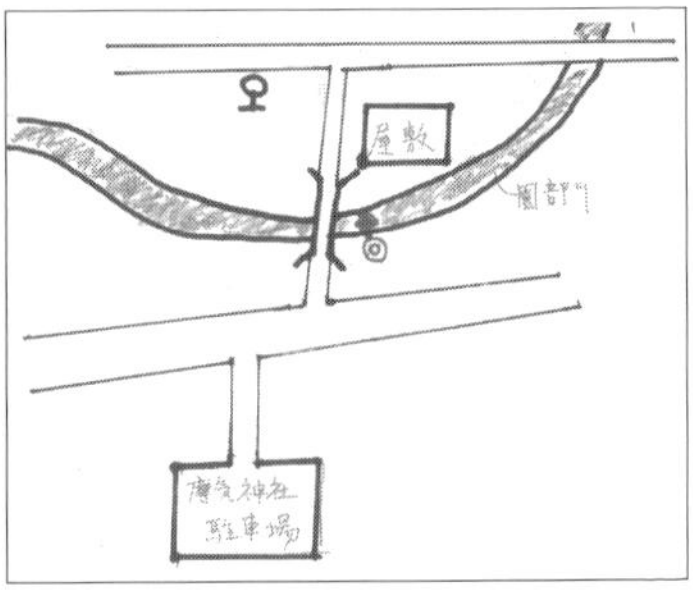

7 今宮神社

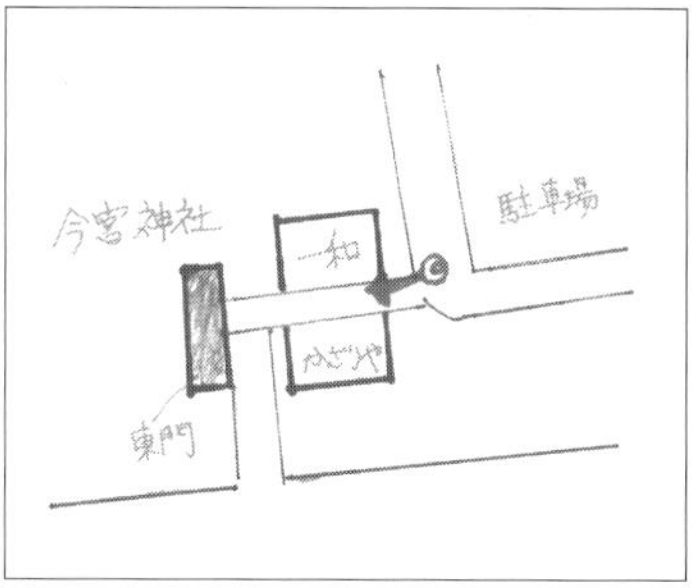

8 宇治橋橋

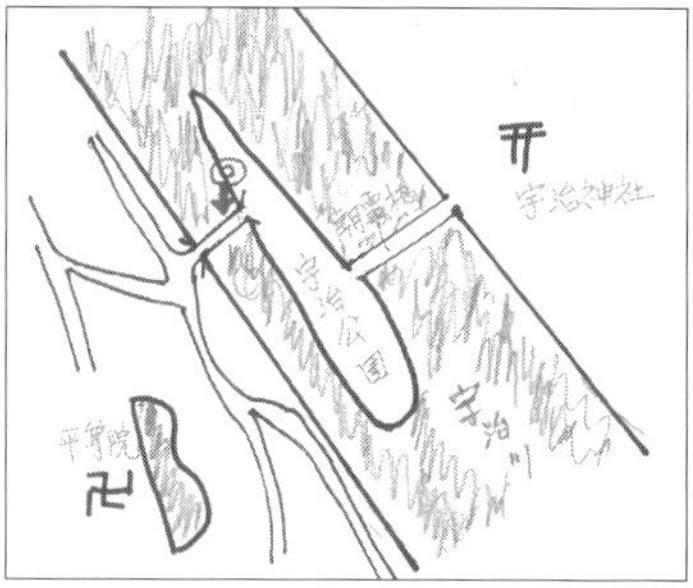

9 東福寺通天橋

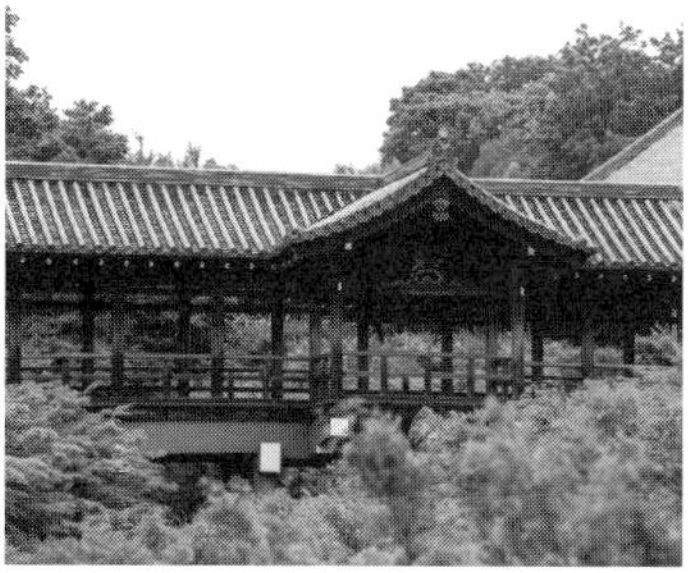

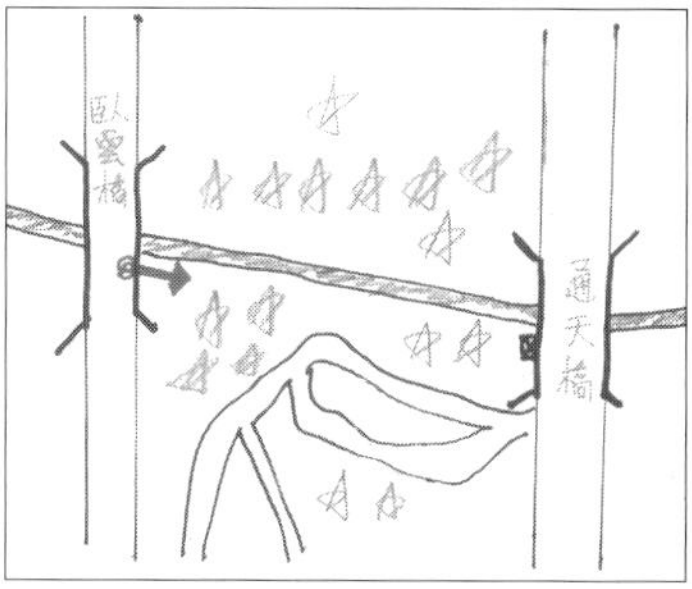

あとがき

二〇〇三年二月、大学院生だった折に若村麻由美さん主演『夜桜お染』（放送＝フジテレビ、制作＝映像京都、撮影＝松竹撮影所）の撮影現場を半年ほど密着取材したのが、私の「時代劇研究家」としての第一歩でした。

撮影初日は忘れもしません、中ノ島橋での早朝ロケでした。橋の上にたたずむ若村麻由美さんを河原から仰角で撮影する場面です。私は、カメラのすぐ後ろにいました。真冬の早朝の嵐山、しかも河原。凍《い》てつく寒さで、粉雪がほぼ真横から舞ってきました。それはそれで風情があるのですが、実はこれは夏の場面。雪が映り込んではいけません。私はカメラ助手の方と一緒に傘を横向きにさし、カメラ前に雪が入り込まないようにしました。

驚いたのは、そうまでして撮った場面が、劇中でさほど使われなかったことです。一分にも満たない、ちょっとした移動場面なのです。松竹の撮影所のオープンセットにも、似たような橋があります。移動に手間がかからないので、そこで撮ってもいいはずです。が、そうはしませんでした。これを撮ったベテランの井上昭監督は欄干の質感や形状にもこだわり、短い場面でも撮影所の外に出ることを選んだのです。ロケ場所の選択の一つ一つに監督の美学が表れている。そのことを、学びました。

もう一つ驚いた点があります。それは、この橋とその周辺のあらゆる場所が、これまで時代劇で何度も観てきた光景だったことです。ほんの短い橋とその周囲の狭い空間にもかかわらず、ちょっとアングルを変えるだけで全く異なる作品世界の背景となる。それは、映画を勉強してきた身としては頭では理解していたことですが、それをこの目で実際に見届けられたのは、重要な発見となりました。

それから半年の間、さまざまなロケに同行しました。「ここでこう撮ると、こういう画になるのか！」「あ、このロケ地、あの作品のあの場面も撮られていたところだ！」毎日が、そうした発見の連続でした。

東京に戻り、改めて時代劇を観て、見方が変わりました。「この場面は、どこでどう撮られているのだろう」。ただ作品を観賞するだけでなく、そうした視点も加わっていたのです。となると、より多くのロケ地を知って、それぞれの場所でどう撮っていたのかを知りたくなるのが「研究家」の性分というものです。

幸いにも、『お染』を企画したフジテレビの能村庸一プロデューサーは、「ちょっとした場面でもできるだけ妥協なくロケーション撮影をして、映像に情感をもたらせたい」という考えの方。そのため、能村さんの手がけた作品は『鬼平犯科帳』『剣客商売』『御家人斬九郎』など、ロケーションのバリエーションに富んだ作品ばかり。『お染』もそうでした。

そこで、再び能村さんにお願いして、新たに撮影される『鬼平』『剣客』のロケ撮影に同行させていただき、改めてさまざまな場所を取材しました。あれだけの風情ある作品の撮られるロケ地だけあり、いずれも圧巻の景色でした。今回の本で大きくクローズアップした西の湖や摩気は、特に感動した記憶があります。

良い時代劇には、良いロケ地あり――。

なぜ京都が時代劇の「聖地」たりえてきたのか、その理由がよく分かりました。こんな凄い場所の数々が、撮影所からそう時間をかけずに行ける。これは強い。そのことも、撮影スタッフに同行して分かったことでした。

時が経ち、二〇一〇年の初頭。「キョースマ!」という京都のタウン誌の編集をしている中島淳さんから依頼がありました。「京都と時代劇」という切り口で特集を組みたい、と。

――それならば、「時代劇のロケ地探訪」はいかがでしょう――。私の提案に乗っていただき、改めて取材することになりました。監修役に『お染』ではプロデューサーとして参加した他、幾多の時代劇を監督してきた原田眞治監督にもご同行いただき、大覚寺や下鴨神社、そして中ノ島橋といった時代劇撮影に欠かせない場所を一日で一気に回りました。松竹の京都撮影所や私有地に建つ『剣客商売』（藤田まこと版）の「小兵衛の家」セットなど、一般では立ち入りできない場所も原田監督の「顔」で撮影することができました。

写真と文章解説とで、ページ数は多くないながらもなかなか満足のいく誌面となりました。以来、これをもっと広げて一冊の本にできないだろうか。そう企画を温めていました。

それから約十年。二〇一九年四月、大阪でトークイベントを開催した際、サイン会に一人の女性が並びました。大阪の編集プロダクション・クエストルームの杉岡ちず子さんでした。何か一緒に仕事をさせていただきたいという杉岡さんから、実は中島淳さんの所属する編集プロダクション・140Bが同じフロアにあり、よく知った間柄だという話が出たのです。

そこでピンと来ました。中島さんと知り合いなら話は早い。「時代劇ロケ地探訪」の書籍化をぜひ——。杉岡さんも、すぐに提案に乗っていただきました。そして、一九年末に京都に本拠地を置くミシマ社さんが出版社として入り、座組が固まりました。ミシマ社の三島邦弘さんが担当編集者となります。

担当編集が京都の方だからこそ成り立つ企画でした。東京の編集者で京都取材となると、そう何度も出張できるものではありません。が、京都なら、私が身一つで行けばいいので、機動性に富んだフレキシブルな取材ができます。これまでも京都取材はほぼ全て自腹でやってきましたから、今回も採算度外視で行けるかぎり京都に行くことにしました。

今回はこれまでの拙著と異なり、写真と文章が一体化した紙面がキーになります。それだけに、カメラマンは私の意図を小まめに汲んでくれる方でないと成り立ちません。そこで杉岡さんが推薦してくれたのが、神戸の来間孝司《くるまこうじ》さん。同年代であり、私の出演したラジオ番組なども聴いてくれていたので、話はスムーズにできました。現場では、実際の映像を来間さんにお見せしながら、「こんな感じのアングルでお願いいたします」と指示、来間さんもすぐに飲み込んでくれて、イメージ通りの写真を次々と撮ってくれました。取材後半になると、私が指示し忘れたアングルも率先して撮ってくれるなど、どんどん「時代劇の画」についての感覚が深まっていくのが見て取れて、とても頼もしかったです。三島さんも含めて同年代三人の取材旅は、充実したものとなりました。

当初はここまでたくさんの場所を回る予定ではありませんでした。京都は世界有数の観光地。思うような画が撮れない恐れがあったため、比較的観光客が少ないと予想される五月と十月に、特に重要なロケ地を十カ所ほどピックアップしてそこに集中するつもりでした。
それが、二〇二〇年春からの思わぬ「コロナ禍」。緊急事態宣言が明けても外国人や団体の旅行者はほとんど京都に来なくなりました。それならば、諦めていた場所も取材できるのではないか。そう考え、「行けそうな場所は全て行く」と方針を変えたのです。このチームなら、どこへ行っても満足な取材ができるだろう。その確信もありました。
結果として、企画した当初に考えていた以上に、時代劇への想いがあふれた一冊となりました。それは今回の取材を通して、初めて現場を取材した二十代の頃のときめきが蘇ってきたというのが大きいです。この想いを読者の皆さまが少しでも受け止めてくださり、時代劇をより一層好きになってくれたら、この上ない幸せです。

この一冊を、「京都でのロケーション撮影」に徹底的にこだわり抜いた今は亡き我が師・能村庸一さんに捧げます。そして、これまで京都での取材活動にご協力くださった全ての皆さまに、改めて御礼申し上げます。

二〇二一年三月　春日太一

時代劇聖地巡礼リスト

【1日目】

賀茂御祖神社(通称:下鴨神社)
〒606-0807 京都市左京区下鴨泉川町59

賀茂別雷神社(通称:上賀茂神社)
〒603-8047 京都市北区上賀茂本山339

天台宗 青蓮院門跡
〒605-0035 京都市東山区粟田口三条坊町69-1

臨済宗大本山 南禅寺
〒606-8435 京都府京都市左京区南禅寺福地町

伏見稲荷大社
〒612-0882 京都市伏見区深草薮之内町68

嵐山公園 中之島地区
〒616-8383 京都府京都市右京区嵯峨中ノ島町

【2日目】

上津屋橋(流れ橋)
〒614-0000 京都府八幡市上津屋宮前川端

長岡天満宮(長岡天神)
〒617-0824 京都府長岡京市天神2-15-13

西山浄土宗 総本山 光明寺
〒617-0811 京都府長岡京市粟生西条ノ内26-1

大映通り商店街(大映通り)
京都市右京区大映通り(桂ケ原町、多薮町、堀ケ内町)

真言宗御室派 総本山仁和寺
〒616-8092 京都府京都市右京区御室大内33

【3日目】

臨済宗 天龍寺派 等持院
〒603-8346 京都市北区等持院北町63

大河内山荘庭園
〒616-8394 右京区嵯峨小倉山田淵山町8

小倉山 二尊院
〒616-8425 京都府京都市右京区嵯峨二尊院門前長神町27

落合

【4日目】

旧嵯峨御所 大本山 大覚寺
〒616-8411 京都府京都市右京区嵯峨大沢町4

清凉寺(嵯峨釈迦堂)
〒616-8447 京都市右京区嵯峨釈迦堂藤ノ木町46

広沢池
〒616-8301 京都市右京区嵯峨広沢町

弘法大師霊場 遺迹本山
高雄山神護寺
〒616-8292 京都市右京区梅ヶ畑高雄町5

【5日目】

臨済宗妙心寺派 大本山妙心寺
〒616-8035 京都府京都市右京区花園妙心寺町1

紫野 今宮神社
〒603-8243 京都府京都市北区紫野今宮町21

臨済宗大本山 東福寺
〒605-0981 京都市東山区本町15丁目

【10日目】

紫野 今宮神社

谷山林道
京都市右京区梅ケ畑周辺

【11日目】

美山
京都府南丹市美山町周辺

摩気
京都府南丹市園部町竹井周辺

【12日目】

広沢池

いずみ谷 西寿寺
〒616-8253 京都市右京区鳴滝泉谷町16
嵐山公園 中之島地区(中之島の中州)

華西山東漸院念仏寺(あだしの念仏寺)
〒616-8436 京都市右京区嵯峨鳥居本化野町17

東映太秦映画村
〒616-8586 京都市右京区太秦東蜂岡町10

車折神社
〒616-8343 京都市右京区嵯峨朝日町23

【6日目】

梅宮大社
〒615-0921 京都市右京区梅津フケノ川町30

【7日目】

浄土宗大本山・くろ谷 金戒光明寺
〒606-8331 京都市左京区黒谷町121

新日吉神宮
〒605-0932 京都市東山区東大路七条東入ル妙法院前側町451-1

松本酒造
〒612-8205 京都市伏見区横大路三栖大黒町7

橘橋
〒611-0021 京都府宇治市宇治蓮華

【8日目】

真言宗 大本山 随心院
〒607-8257 京都市山科区小野御霊町35

山王総本宮 日吉大社
〒520-0113 滋賀県大津市坂本5-1-1

天台真盛宗総本山 西教寺
〒520-0113 滋賀県大津市坂本5-13-1

西の湖
滋賀県近江八幡市

【9日目】

特別史跡彦根城跡(彦根城)
〒522-0061 滋賀県彦根市金亀町1-1

西の湖

八幡堀

本書は書き下ろしです。

写真　来間孝司（koya-works）＊ただし、大覚寺（A-22）、梅宮大社（A-1～A-5）を除く
地図作製（MAP1～4、p.12～p.17）　齋藤直己（マップデザイン研究室）
編集協力　杉岡ちず子（クエストルーム株式会社）

春日太一　かすが・たいち

映画史・時代劇研究家。1977年東京都生まれ。日本大学大学院博士後期課程修了。映画界を彩った俳優とスタッフたちのインタビューをライフワークにしている。著書に『天才 勝新太郎』(文春新書)、『ドラマ「鬼平犯科帳」ができるまで』(文春文庫)、『すべての道は役者に通ず』(小学館)、『時代劇は死なず! 完全版』(河出文庫)、『時代劇入門』(角川新書)、『大河ドラマの黄金時代』(NHK出版新書)など多数。

時代劇聖地巡礼

2021年4月26日　初版第1刷発行

著　　者　春日太一

発 行 者　三島邦弘
発 行 所　株式会社ミシマ社
〒152-0035　東京都目黒区自由が丘2-6-13
電話　03(3724)5616
FAX　03(3724)5618
e-mail　hatena@mishimasha.com
URL　http://www.mishimasha.com/
振替　00160-1-372976

装　　丁　尾原史和(BOOTLEG)
印刷・製本　株式会社シナノ
組　　版　有限会社エヴリ・シンク

ISBN　978-4-909394-50-7

好評既刊

映画を撮りながら考えたこと

是枝裕和

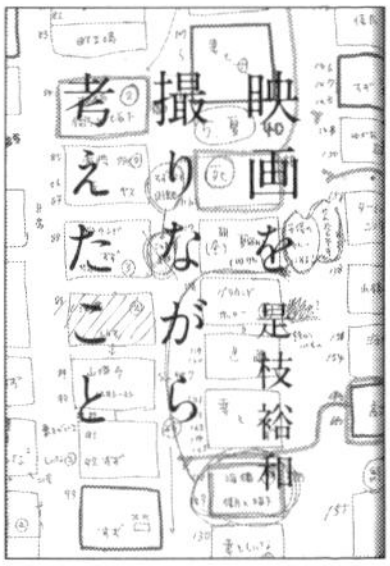

『誰も知らない』『そして父になる』

『海街 diary』『海よりもまだ深く』……

全作品を振り返り、探った、

「この時代に表現しつづける」

その方法と技術、困難、そして可能性。

構想8年の決定版

ISBN 978-4-903908-76-2　2400円(価格税別)

観察する男

映画を一本撮るときに、監督が考えること

想田和弘(著)ミシマ社(編)

舞台は牛窓(岡山県)。カメラを回せば、
グローバリズム、高齢化、震災の影響、
第一次産業の苦境……
すべてが映りこんでいた。
観察映画『牡蠣工場』(2016年2月公開)をつくる監督を逆観察。
台本なしの映画づくりの幕が上がる!
映画を観るように読んでください——編集部より

ISBN 978-4-903908-73-1　1800円(価格税別)